DIESES BUCH GEHÖRT:

5 4 3   27 26 25
ISBN 978-3-649-64523-8
© 2023 Coppenrath Verlag GmbH & Co. KG,
Hafenweg 30, 48155 Münster, Germany
CH: Baumgartner Bücher AG, Centralweg 16,
8910 Affoltern a. A.
Alle Rechte vorbehalten, auch auszugsweise
Satz: Alexander Nuißl
Illustrationen: www.shutterstock.com

www.coppenrath.de

Heide Witzka (Hrsg.)

DAS GROßE BUCH DER MEGA-WITZE

COPPENRATH

WITZE AUS DEM
FAMILIENALLTAG

„Den Eigensinn hat der Junge von dir",
wirft die Mutter ihrem Ehemann vor.
„Offensichtlich", knurrt dieser. „Du hast deinen ja noch ..."

„Der Salat schmeckt ja scheußlich!", sagt die Mutter
zu Thomas. „Hast du ihn auch vernünftig gewaschen,
so wie ich es dir gesagt habe?"
„Ja, sogar mit Spülmittel!"

 Die Mutter schimpft mit dem kleinen Hans:
„Wenn du weiterhin so frech und ungezogen
bist, dann wirst du später auch mal Kinder
bekommen, die genauso frech sind."
Darauf der kleine Hans: „Jetzt hast du dich
aber verraten, Mama!"

„Trinkst du deinen Kaffee schwarz?", fragt Tante
Adelheid. „Welche Farben hättest du denn sonst
noch?", fragt Tante Irmgard zurück.

Fred ist auf seiner Rundreise durch China ein
begeisterter Tischtennisspieler geworden und
schickt seinem Vater eine Nachricht: „Es gibt
nichts, was ich jetzt mehr liebe als Pingpong."
Der Vater schreibt zurück: „Einverstanden.
Heirate sie!"

Oma Hilde bringt ihre Kuckucksuhr zum Uhrmacher und sagt: „Reparieren Sie bitte diese Uhr!"
„Wieso?", fragt der Uhrmacher. „Kommt der Kuckuck nicht mehr zum Vorschein?"
„Doch schon, aber er fragt alle zwanzig Minuten nach der Uhrzeit!"

„Jette ist sehr eitel!", erzählt Sofia ihrer Mutter.
„Ja? Woran merkst du das?"
„Na ja, sie isst ständig Spiegeleier."

Tom und seine Oma sitzen vor dem Fernseher und gucken Fußball. „Noch immer kein Tor", klagt Tom. „Wieso?", fragt die Oma verdutzt. „Da stehen doch zwei ..."

Die eitle Helena steht ständig vor dem Spiegel. Da lästert ihr kleiner Bruder: „Jetzt steht sie sogar schon mit geschlossenen Augen vor dem Spiegel ..."
„Na und?", gibt Helena zurück. „Ich wollte nur mal schauen, wie ich im Schlaf aussehe."

„Haben Sie bei dem Einbruch denn gar nicht an Ihre arme, alte Mutter gedacht?", fragt der Richter den Einbrecher.
„Doch, aber es war einfach nichts Passendes für sie dabei."

Karlchens große Schwester hat sich neue Winterstiefel gekauft. „Herrlich", schwärmt sie, „ich fühle mich wie in meiner eigenen Haut!" „Kein Wunder," brummt der Kleine, „es ist ja auch Ziegenleder!"

„Begleitest du mich noch zum Bus?", fragt Tante Luise ihren kleinen Neffen.
„Das geht leider nicht", antwortet der Kleine. „Sobald du weg bist, schneidet Mama den Kuchen an."

Jan soll geimpft werden, aber er wehrt sich. Als die Ärztin und seine Mutter es schließlich schaffen, ihn zu beruhigen, impft die Ärztin den ängstlichen Jungen. Anschließend fragt sie ihn:
„Weißt du auch, wogegen ich dich geimpft habe?"
„Ja! Gegen meinen Willen!"

Sagt der Sohn zum Vater:
„Hier ist deine Steuererklärung, Papa. Wie weit bist du mit meinen Hausaufgaben?"

Sagt die Uroma zum Uropa:
„Wollen wir nicht mal wieder ins Kino gehen?"
„Ach, da waren wir doch neulich erst."
„Das stimmt. Aber ich habe gehört, es gibt mittlerweile sogar Filme in Farbe!"

Onkel Dieter kommt zu Besuch.
„Gehst du eigentlich schon zur Schule?", fragt er
seinen kleinen Neffen.
„Klar!", antwortet dieser stolz.
„Und was machst du da so?"
„Ich warte darauf, dass sie aus ist."

„Du, Papi", flötet Hannah an ihrem 18. Geburtstag, „findest du nicht auch, dass ich jetzt alt
genug bin, um den Führerschein zu machen?"
„Du schon", antwortet der Vater, „aber unser
Auto noch nicht!"

Mia sitzt über ihren Hausaufgaben.
„Papi, schreibt man Pferd eigentlich mit F oder V?"
„Puh, das weiß ich auch nicht", antwortet der Vater.
„Schreib doch einfach: Gaul."

„Herr Kampmann, ich denke, die Schmerzen in
Ihrem linken Bein sind altersbedingt", erklärt
der Arzt. Opa Kampmann protestiert:
„Aber mein rechtes Bein ist genauso alt und
tut nicht weh!"

„Mama, ich bekomme keine Pickel mehr!"
„Toll! Wie hast du das nur geschafft?"
„Kein Platz mehr!"

Onkel Heinrich muss vor Gericht. Der Richter sieht ihn streng an und fragt:
„Herr Rosenkamp, wie sind Sie nur auf die Idee gekommen, das Pferd zu stehlen?"
„Es war vor dem Friedhof am Zaun angebunden, da dachte ich, sein Besitzer wäre verstorben."

Tante Brunhilde nimmt an einer Schlossbesichtigung teil. Sie ist vom Treppensteigen sehr erschöpft und setzt sich auf einen alten Stuhl. Da sagt der Museumswärter: „Da dürfen Sie nicht sitzen, das ist der Stuhl von Napoleon!"
„In Ordnung", antwortet Tante Brunhilde, „wenn er kommt und sich setzen will, stehe ich auf."

Opa Erwin ist schon etwas zerstreut. Morgens greift er statt des Handspiegels die Bürste seiner Frau und betrachtet sich nachdenklich.
„So ein Mist", ruft er. „Da habe ich gestern doch schon wieder vergessen, mich zu rasieren!"

„Und, Tim, wie geht dein neues Fahrrad?", fragt Lukas.
„Mein neues Fahrrad geht nicht, es fährt."
„Und wie fährt es?"
„Es geht."

Die Mutter erklärt ihrer Tochter, dass eine Krankheit immer die schwächsten Stellen des Körpers befällt. Darauf die Kleine: „Jetzt weiß ich, warum der Vati immer so oft Kopfschmerzen hat …"

„Ich bin mächtig stolz auf dich, mein Sohn!", sagt der Vater. „Es gehört schon viel Mut dazu, mir so ein Zeugnis vorzulegen!"

Auf der Familienfeier gibt Tante Heidi ihre schwierigsten Lieder auf dem Klavier zum Besten. Stunde um Stunde spielt sie wie eine Verrückte. Schließlich meint der kleine Max: „Du, Tante Heidi, wenn du nicht mehr anhalten kannst, ich glaube, der rechte Hebel ist die Bremse!"

Oma Blechkopf hat sich ein Bein gebrochen.
Der Arzt mahnt: „Mit dem Gips dürfen Sie keine Treppen steigen!"
Nach zwei Wochen fragt Oma Blechkopf den Arzt: „Wann darf ich denn wieder die Treppe benutzen? Auf meine alten Tage wird es mir doch etwas zu anstrengend, immer an der Regenrinne herauf- und herunterzuklettern."

Fritzchen kommt aus der Schule. Als ihn seine Mutter fragt, was er gelernt habe, erzählt er: „Gott ist ein Quirl!"
„So ein Unsinn!", meint die Mutter. „Das musst du falsch verstanden haben. Frag lieber morgen noch mal den Lehrer."
Als Fritzchen am nächsten Tag nach Hause kommt, fragt die Mutter: „Na, wie ist es nun mit dem Quirl?"
Darauf antwortet Fritzchen genervt:
„Ja, ja, du hast ja recht, Gott ist ein Schöpfer – aber ich wusste, dass es irgendwas aus der Küche ist ..."

„Mama, Mama, Julian hat meinen Bagger kaputt gemacht!"
„Wie das denn?"
„Ich habe ihm damit auf den Kopf gehauen, da ist die Schaufel abgebrochen."

„Das ist aber schön, dass du kommst", begrüßt der kleine Sebastian seinen Onkel an der Tür. „Mama sagte eben erst, du hättest uns gerade noch gefehlt."

Sagt der Pfarrer bei der Taufe: „Und Sie sind absolut sicher, dass Sie Ihren Sohn Axel nennen wollen, Herr Schweiß?"

Mats kommt strahlend von der Schule
nach Hause. „Mami, ich habe mich heute als
Einziger in der Klasse gemeldet!"
„So? Auf welche Frage denn?"
„Wer hat gepupst?"

„Und, Günther, was hat dir der Arzt verordnet?",
fragt die Ehefrau besorgt.
„Höhenluft und viel Bewegung, Marie-Luise."
„Na wunderbar! Dann kannst du ja am Wochenende
endlich den Dachboden aufräumen!"

„Glaubst du, dass es Menschen auf anderen
Sternen gibt?", fragt Tine ihren Bruder.
„Na klar", antwortet dieser prompt, „sonst
wären die Dinger doch nicht jede Nacht
beleuchtet!"

„Ich habe gehört, dass Sie eine Katze besitzen,
die ihren eigenen Namen sagen kann?"
„Ja, das stimmt."
„Und wie heißt sie?"
„Miau!"

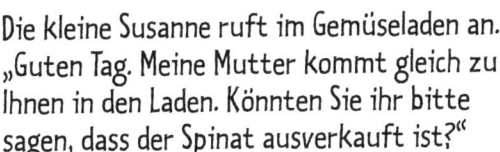

Die kleine Susanne ruft im Gemüseladen an.
„Guten Tag. Meine Mutter kommt gleich zu
Ihnen in den Laden. Könnten Sie ihr bitte
sagen, dass der Spinat ausverkauft ist?"

Herr Birnbaum hat beim Angeln nur einen winzigen Fisch am Haken. Wütend wirft er ihn ins Wasser zurück und ruft: „Lass dich hier bloß nicht noch mal ohne deine Eltern blicken!"

„Glaubst du, dass die blöde Tante Gerdi einen Platz im Himmel bekommt?", fragt Karlchen seinen Bruder.
„Kann ich mir nicht vorstellen. Drachen können nicht höher als 50 Meter fliegen."

Clara streichelt die Katze ihrer Oma. Da beginnt die Katze zu schnurren. Erschrocken ruft Clara: „Wo stellt man denn den Motor ab?"

„Papa, sag bitte Mama nicht, dass ich ihr Schokolade zum Geburtstag gekauft habe!"
„Kein Wort, willst du sie damit überraschen?"
„Nein, ich habe sie aufgegessen!"

„Sag mal, warum läuft dein Vater denn im Matrosenanzug durch den Wald? Er ist doch Jäger!"
„Das ist sein neuer Trick! Wenn ihn ein Hase sieht, denkt er doch, Papa geht zum Angeln!"

Ein Opa sagt zu seinem Enkel: „Ich bin im metallischen Alter: Silber im Haar, Gold in den Zähnen und Blei in den Füßen!"

Die Mutti sagt zu ihrem kleinen Sohn:
„Aber, Heini, man darf doch den Zeigefinger nicht
in die Nase stecken."
Der fragt ratlos zurück: „Aber welchen Finger soll ich
denn sonst nehmen?"

Beim Familienessen will Lotte ihrem Opa
etwas sagen, aber dieser ermahnt sie: „Wenn
Erwachsene sich unterhalten, müssen Kinder
still sein!"
Nach dem Essen fragt der Opa:
„Was wolltest du mir denn sagen, Kind?"
„Jetzt ist es zu spät!", meint Lotte achselzuckend. „Nun hast du die Schnecke im Salat
schon gegessen!"

„Weißt du, wie lange Schlangen leben?",
fragt Till seine große Schwester.
Antwortet sie prompt: „Wahrscheinlich genauso
wie kurze."

Klein-Frieda kommt freudestrahlend nach
Hause. Stolz zeigt sie ihrer Mutter eine kleine
Schachtel: „Mami, der Papi hat mir eine Schildkröte gekauft. Die Verkäuferin hat gesagt, bei
guter Pflege wird sie fast 200 Jahre alt!"
Darauf die Mutter: „Na, da bin ich aber mal
gespannt!"

„Opa, warum ist der Elefant so groß?"
„Das weiß ich nicht."
„Opa, warum hat der Löwe eine Mähne?"
„Keine Ahnung."
„Opa, stören dich meine Fragen?"
„Nein, überhaupt nicht, frag nur weiter, sonst lernst
du ja nichts!"

Der Gärtner sammelt auf der Straße Pferde-
äpfel auf.
„Was machen Sie denn damit?", fragt Stefan.
„Die kommen bei mir zu Hause auf die
Erdbeeren."
„Komisch", wundert sich Stefan. „Wir streuen
immer Zucker drauf."

„Weißt du, was für einen Grund es geben könnte,
einem Mann ins Gesicht zu spucken?"
„Wenn sein Bart brennt!"

Florian und seine Schwester sind im
Schwimmbad, als es zu regnen anfängt.
Panisch ruft Florian: „Los, schnell ins Wasser,
sonst werden wir nass!"

„Ist dein Papa auch so ernst wie meiner?"
„Ja, er lacht nur zweimal im Jahr!"
„Und warum?"
„Weil meine Mutter sich dann einen neuen Hut kauft."

Fragt die Tante:
„Hilfst du auch immer deiner Mutter?"
Antwortet die Nichte: „Klar! Ich muss immer
die Silberlöffel zählen, wenn du gegangen
bist ...!"

Der Vater kommt vom Angeln zurück und prahlt
stolz: „So einen großen Fang habe ich schon lange
nicht mehr gemacht!"
„Aber, Papa, das ist doch bloß ein alter Schuh ..."
„Ich weiß, aber immerhin in Schuhgröße 49!"

Fritzchen fragt seine Mutter:
„Können männliche und weibliche Regenschirme
eigentlich Kinder kriegen?"
„Natürlich nicht, so ein Unsinn!"
„Und wo kommen dann die Knirpse her?"

Der kleine Felix packt das Geburtstagsgeschenk
von seiner Oma aus: eine tolle Wasserpistole! Er
quietscht vor Vergnügen und rennt sofort damit
zum Waschbecken. Die Mutter ist nicht so begeistert und stellt ihre Mutter zur Rede: „Ich bin
wirklich erstaunt, dass gerade du ihm eine Wasserpistole schenkst. Hast du etwa vergessen, wie
sehr du dich geärgert hast, wenn ich damals damit
gespielt habe?"
Ihre Mutter grinst breit und sagt: „Nein, das habe
ich ganz und gar nicht vergessen ..."

Der Vater liest Tom abends noch eine Gutenachtgeschichte vor. Nach einer halben Stunde öffnet die Mutter die Tür und fragt:
„Na, schläft er inzwischen?"
Darauf Tom: „Ja, endlich!"

„Na, Elli, was hat dir dein großer Bruder denn zum Geburtstag geschenkt?", will die Nachbarin wissen.
„Ein leeres Sparschwein", antwortet Elli.
„Na, das sieht ihm mal wieder ähnlich!"
„Nein, eigentlich nicht", meint Elli, „er hat ein schmaleres Gesicht."

„Du, Opa, was ist das Wichtigste an einer Knackwurst?"
„Das N."

„Papa, ist der Stille Ozean den ganzen Tag still?"
„Frag mich mal lieber etwas Sinnvolles!"
Darauf der Sohn: „Na gut, Papa. Woran ist denn eigentlich das Tote Meer gestorben?"

Familie Kopflos wird auf ihrem Ausflug von der Polizei angehalten.
„Sie sind viel zu schnell gefahren!", mahnt der Polizist. „120 Kilometer in der Stunde."
„Das kann doch überhaupt nicht sein!", entgegnet der Vater. „Wir sind doch erst vor zehn Minuten losgefahren!"

„Ich stamme aus einer Familie mit einer langen Tradition", prahlt Frau Birnbaum. „Mein Onkel besitzt eine Uhr, die früher Friedrich dem Großen gehört hat!"
„Ach, das ist doch gar nichts", erwidert Frau Huber. „Mein Großvater hat nämlich einen Adamsapfel!"

Einen Tag vor ihrem Geburtstag liegt Nadja im Bett und liest. Ihre Mutter kommt ins Zimmer und sagt streng: „Du musst endlich schlafen!"
Darauf Nadja: „Mutti, das geht nicht. Ich muss doch wissen, wie die Geschichte endet. Das Buch ist für Kinder zwischen acht und zehn Jahren. Morgen bin ich doch aber elf!"

Die Mutter hat Jule zum zehnten Mal ins Bett geschickt. Mühsam beherrscht sagt sie: „Wenn ich noch einmal das Wort Mama höre, dann flippe ich aus!" Ein paar Minuten später piepst es aus dem Kinderzimmer: „Frau Müller, könnte ich noch etwas zu trinken haben?"

Florian hat ein kleines Brüderchen bekommen. Sein Freund Ron fragt ihn eines Tages auf dem Schulweg, wem das Baby denn ähnlich sehe. Darauf Florian: „Also, die Augen hat es von Papi, das Grübchen unter dem Kinn von Mutti und die Stimme von einem Feuerwehrauto!"

Morgens sagt die Mutter zu Klara:
„Wasch dir doch bitte noch die Hände, bevor du in die Schule gehst."
„Wieso? Ich melde mich doch sowieso nicht!"

Benni hat heute Geburtstag.
„Alles Gute! Was wünschst du dir denn heute?", fragt der Vater.
„Ich wünsche mir einen Hund!"
„Nein, das geht nicht, wünsch dir etwas anderes!"
„Okay! Dann wünsche ich mir, dass wir einen Tag die Rollen tauschen."
„Alles klar!"
„Gut, dann zieh dir deine Jacke an! Wir gehen jetzt in die Stadt und kaufen einen Hund!"

Nach dem Haareschneiden schaut Georg in den Spiegel. Der Friseur fragt:
„Ist es so recht, junger Mann?"
„Hinten dürfte es ruhig noch etwas länger werden", erwidert Georg.

„Paula, wo ist denn das Stück Kuchen, das gerade noch hier auf meinem Teller lag?", fragt Tante Kerstin.
„Das habe ich einem hungrigen Mädchen gegeben", antwortet Paula.
„Das ist aber nett von dir! Wer war es denn?"
„Ich."

„Mama", flüstert der kleine Heinz während der Ballettvorstellung, „die tanzen ja alle auf den Zehenspitzen! Warum nehmen die nicht gleich größere Mädchen?"

„Du meinst wohl, ich bin ein vollkommener Depp, was?", fragt Stefan seinen Bruder Anton.
„Nein", meint Anton. „Auf dieser Welt ist niemand vollkommen!"

Die Mutter mahnt: „Johannes, iss dein Brot auf."
„Ich mag aber kein Brot."
„Du musst aber Brot essen, damit du groß und stark wirst!"
„Warum soll ich denn groß und stark werden?"
„Damit du dir dein Brot verdienen kannst."
„Ich mag aber doch gar kein Brot!"

Bei Schlaubergers läuft der kleine Sohn mit einer Gießkanne durch die Wohnung.
„Was machst du denn da?", fragt die Mutter. „Das sind doch alles künstliche Blumen!"
„Ich weiß, deshalb habe ich ja auch kein Wasser in der Gießkanne!"

„Aber, Frieda, was machst du denn für ein Gesicht?"
„Wenn ich Gesichter machen könnte", antwortet Frieda, „hättest du längst ein anderes!"

23

In der Adventszeit dekoriert Mutter Altdorf die Wohnung besonders festlich.

„Mats, zünde doch schon mal den Adventskranz an!", fordert die Mutter ihren Sohn auf.

Fragt der Sohn nach einer Weile: „Auch die Kerzen?"

 „Thomas! Du hast ja beide Stücke Kuchen aufgegessen. Hast du denn gar nicht an deine Schwester gedacht?", fragt die Mutter verärgert.

„Doch, na klar, sonst hätte ich ja nicht sofort beide gegessen!"

Eva hat heute in der Schule gelernt, dass die Erde sich dreht. Ihre Mutter schickt sie am Nachmittag zum Einkaufen. Als Eva nach zwei Stunden immer noch nicht zurück ist, schaut ihre Mutter aus dem Fenster, um zu sehen, wo die Tochter bleibt. Eva sitzt gemütlich auf einer Bank in der Sonne.

„Was machst du denn da?", ruft die Mutter.

Eva antwortet: „Ich warte, bis der Supermarkt vorbeikommt!"

 „Bernd, du liegst ja verkehrt herum im Bett!", stellt die Mutter morgens entsetzt fest.

„Gott sei Dank!", sagt der Vater. „Dann tun mir ja nur die Füße weh. Ich dachte schon, ich hätte Kopfschmerzen!"

Der kleine Ralf entdeckt, dass sein Bett noch nicht bezogen ist. Schließlich fragt er:
„Mami, schlafe ich denn heute ohne jede Beziehung?"

Frau Birnbaum geht mit ihrer Tochter Kunigunde zum Arzt.
„Frau Birnbaum, stottert Ihre Tochter eigentlich immer so?"
„Nein. Nur, wenn sie etwas sagen will."

„Jetzt reicht es mir aber langsam", faucht Elena.
„Wie oft habe ich dich schon gebeten, mir endlich die fünf Euro zurückzugeben, die ich dir geliehen habe?"
„Nun mal schön langsam", meint ihre Schwester.
„Wie oft musste ich dich denn bitten, bis du sie mir überhaupt erst geliehen hast?"

Die Mutter ist am Ende ihrer Geduld.
„Warum zankt ihr euch denn immer, du und dein Bruder?"
„Das weiß ich nicht, aber vielleicht komme ich ganz nach dir und er nach Papa."

Der Postbote lugt durch den Briefkastenschlitz und sagt: „Nun hören Sie schon auf zu bellen, Herr Bayer. Es ist keine Rechnung dabei!"

Familie Meier will im Sommer nach Italien reisen. Beim Abendessen berichtet Frau Meier ihrem Mann besorgt:
„In Italien ist ein Vulkan ausgebrochen!"
Darauf ihr Mann: „Ach, den fangen sie schon wieder ein!"

„Bevor wir in den Urlaub fahren, ist meine Frau wie ein Krimi", erzählt Herr Sommer.
„Wieso wie ein Krimi?"
„Na ja, packend bis zum Schluss!"

Frau Kirschbaum stürmt in den Laden und ruft: „Schnell, schnell, eine Mausefalle! Ich muss den Bus noch erwischen!"
„Tut mir leid, aber so große Fallen führen wir nicht."

Fragt der Vater: „Wie heißt die Weinsorte, die am Fuße des großen Vulkans wächst?"
Leni weiß es: „Glühwein natürlich."

Herr und Frau Meier gehen abends ins Theater.
„Wir sind zu spät!", ärgert sich Herr Meier.
„Das macht doch nichts", sagt seine Frau, „dann bleiben wir am Ende eben ein bisschen länger."

Max und seine Schwester Karla können sich
nicht einigen, was sie sich abends im Fernsehen angucken wollen. Max möchte ein Fußballspiel sehen, Karla lieber den Krimi.
„Fußball ist so langweilig", sagt sie, „man weiß
immer sofort, wer geschossen hat!"

Paul lässt in der Wohnung seiner Tante eine große
Vase fallen. Sie zerbricht in tausend Stücke. Die er-
blasste Tante stammelt:
„Die Vase war aus dem 17. Jahrhundert!"
„Gott sei Dank, ich dachte schon, sie sei neu."

Der Neffe zum Onkel:
„Vielen Dank für das wundervolle Geschenk."
„Du brauchst dich doch nicht extra zu bedan-
ken, das Geschenk war doch nicht der Rede
wert", erwidert der Onkel.
„Dieser Meinung bin ich auch, aber Mutti hat
gesagt, dass ich mich trotzdem bei dir bedan-
ken soll."

„Opa, was macht denn dein frisch gedüngter Rasen?"
„Er stinkt mir."

Die kleine Paula kommt mit pitschnassen Haaren ins Zimmer. Daraufhin tadelt sie der Vater:
„Ist es wirklich nötig, dass du deinen Fischen
einen Gutenachtkuss gibst?"

Emma kommt aus der Schule und freut sich:
„Mama, der Lehrer hat heute in der Schule gesagt,
dass der Strom immer teurer wird. Da kannst du
dich aber freuen, dass ich keine große Leuchte bin!"

Frau Silberstein weiß sich nicht mehr zu helfen
und droht ihrem frechen Sohn:
„Wenn du nicht sofort damit aufhörst, ist das
Abendessen gestrichen!"
„Echt?", fragt dieser begeistert. „In welcher
Farbe denn?"

Nach der Halbzeitpause sagt am Spielfeldrand ein
Vater zum anderen: „Mensch, irgendwie sind unsere
Jungs jetzt in der zweiten Halbzeit noch langsamer
geworden ..."
„Kein Wunder. Der Trainer hat sie in der Pause or-
dentlich zur Schnecke gemacht!"

Familie Dornbusch sitzt am Frühstückstisch.
„Du hast die Eier schon wieder zu hart ge-
kocht!", beschwert sich Herr Dornbusch bei
seiner Frau.
„Dann probier's doch mal ohne Schale,
Herbert!"

Karla entdeckt bei ihrem Vater die ersten weißen
Haare. Erschrocken ruft sie: „Oh nein, Papa, du
fängst ja an zu schimmeln!"

Bauer Knallkopf fährt wie ein Irrer mit der Dampf-
walze über sein Feld.
„Was ist denn mit dem los?", fragt ein Nachbar.
„Ach, der hat sich den Kopf gesetzt, dass er statt
Kartoffeln nun Kartoffelbrei anbauen möchte ..."

„Unser Tom ist jetzt auf dem Gymnasium!"
„Und wann macht er Abitur?"
„Das Abitur? Nein, nein! Er deckt das Dach!"

In der Schule streiten Jim und Luis, wer den stärke-
ren Papa hat.
„Kennst du den Bodensee?", fragt Jim. „Mein Papa
hat das riesige Loch dafür gegraben!"
„Aha", erwidert Luis, „und kennst du das Tote Meer?
Mein Papa hat es nämlich erschlagen!"

Onkel Speck steigt beim Arzt auf die hochmo-
derne Waage. Da ertönt eine Roboterstimme:
„Bitte immer nur eine Person!"

Als Till stolpert, fallen ihm seine Stifte herunter
und verteilen sich auf dem Boden.
„Scheiße", flucht er daraufhin.
Das hört seine Tante und ermahnt ihn: „Till, solch
ein Wort benutzt man nicht. Ich gebe dir zehn Euro,
wenn du das nie wieder sagst!"
„O. k.", lenkt Till ein, „ich kenne aber noch ein Wort,
das ist bestimmt 20 Euro wert!"

„Na, wie findest du das Wetter heute?"
„Wie immer. Ich öffne die Tür und da ist es."

„Musst du denn die ganze Zeit vor dem Fernseher
hocken?", fragt Frau Silberstein ihren Sohn.
„Nee, ich mache das freiwillig."

 Ein älterer Mann sitzt gemütlich auf der
Parkbank, als ihn plötzlich ein Fußball am
Knie trifft. Der Mann schreit den Schützen an:
„Willst du etwa eine Ohrfeige von mir?"
„Nein danke", antwortet der Junge. „Meine
Mutter hat mir verboten, etwas von fremden
Männern anzunehmen."

„Wir sind eine sehr wissbegierige Familie."
„So?"
„Ja, meine Schwester macht einen Französischkurs,
meine Mutter macht einen Kochkurs und mein
Vater macht Konkurs!"

 „Benutzt ihr für euer Baby auch diese
besonders saugfähigen Windeln?"
„Nein, es bekommt Trockenmilch und wir
stauben es nur ab."

Die kleinen Fische sehen zum ersten Mal ein U-Boot.
„Keine Angst, meine Kinder!", sagt die Mama. „Das
sind nur Menschen in Dosen!"

Herr und Frau Meyer haben Besuch vom Pfarrer.
Er tätschelt der Tochter den Kopf und fragt:
„Wo ist das Himmelreich, mein Kind?"
„In Erlangen."
„Wie kommst du denn darauf?"
„In der Bibel steht doch: Suchet das Reich Gottes
zu erlangen …"

> Die Nachbarin sagt bewundernd zu Frau
> Buchbinder: „Jetzt bekommen Sie schon das
> fünfte Kind und lernen nebenbei auch noch
> Chinesisch!"
> „Na, was bleibt mir auch anderes übrig?", fragt
> Frau Buchbinder. „Ich habe gelesen, dass jedes
> fünfte Kind, das auf der Welt geboren wird, ein
> Chinese ist."

Julia ist das erste Mal mit ihrer Oma in der Kirche.
Nach dem Halleluja fragt sie erstaunt: „Ob mich der
Pfarrer wohl kennt?"
„Wie kommst du denn darauf?"
„Hast du denn nicht zugehört? Er sang doch eben
‚Hallo, Julia'!"

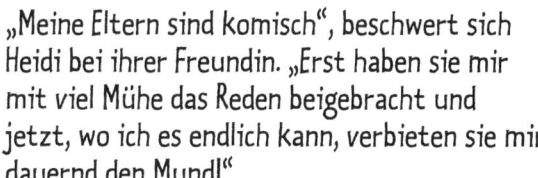

> „Meine Eltern sind komisch", beschwert sich
> Heidi bei ihrer Freundin. „Erst haben sie mir
> mit viel Mühe das Reden beigebracht und
> jetzt, wo ich es endlich kann, verbieten sie mir
> dauernd den Mund!"

„Mama, Mama, in der Schule lachen mich alle aus,
weil ich so große Füße habe!"
„Ach, das ist doch Unsinn! Und jetzt stell deine
Schuhe in die Garage, damit wir essen können!"

Die kleine Evi läuft zur Mutter: „Mutti, ich bin
von einem Floh gebissen worden!"
„Das kann nicht sein. Das muss ein Irrtum sein!"
Da läuft Evi zum Vater: „Papi, Papi, ich bin von
einem Irrtum gebissen worden!"

Als Tim mit seinem Opa in den Zoo geht, sehen
sie am Zaun des Zebra-Geheges ein Schild:
„Frisch gestrichen".
Da sagt Tim enttäuscht:
„Schade, ich dachte, die Streifen seien echt."

Ein kleines Mädchen geht mit drei großen
Eistüten in der Hand am Strand entlang.
Gerade als sie bei ihren Eltern angekommen
ist, rutscht ihr eine aus der Hand und
fällt in den Sand. „Oh je!", ruft sie. „Jetzt
habe ich dein Eis fallen lassen, Papa!"

„Ich weiß gar nicht, was ich eurer Mutter dieses
Jahr zu Weihnachten schenken soll."
„Dann frag sie doch einfach", schlägt der älteste
Sohn vor.
„So viel wollte ich auch nicht ausgeben!"

TIERISCH
LUSTIGE WITZE

Ein Mann sitzt mit seinem Hund im Kino. Der Hund lacht sehr über den Film. „Sie haben aber einen komischen Hund", sagt die Sitznachbarin.
„Ja, das finde ich auch", sagt der Mann. „Das Buch zum Film hat ihm nämlich gar nicht gefallen!"

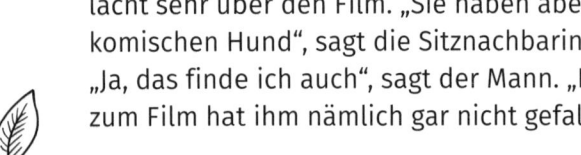
Im Herbst sitzen zwei Braunbären vor ihrer Höhle und sehen fasziniert zu, wie die Blätter von den Bäumen fallen. Da sagt der eine Bär: „Irgendwann lasse ich den Winterschlaf ausfallen und gucke mir den armen Kerl an, der im Frühling wieder alle ankleben muss."

„Würden Sie bitte den Hund streicheln?", fragt Marlene einen älteren Herrn.
„Ja, natürlich!", antwortet dieser sofort. „Du bist wohl sehr stolz auf deinen Hund, was?"
„Nein", sagt Marlene, „ich wollte nur sehen, ob er beißt."

Zwei Käfer beobachten eine Spinne, die gerade ihr Netz webt.
„Was macht sie da wohl?", fragt der eine Käfer irritiert.
„Also, wenn du mich fragst: Die spinnt."

Welches Tier entsteht, wenn ein Einhorn und ein Stier ein Baby bekommen?
Ein Hornochse.

Ein wütender Nachbar fragt den Hunde-
besitzer: „Ist das eigentlich Ihr Hund, der
da jede Nacht bellt?"
„Ja natürlich, ich selbst schlafe nachts!"

Der kleine Enkel fragt neugierig:
„Oma, möchtest du vielleicht einen Dackel haben?"
„Nein, mein Schatz."
„Okay, und jetzt fragst du mich!"

Ein dicker Hamster trifft einen dünnen Hamster. Der dicke Hamster stellt fest: „Wenn man
dich so anschaut, könnte man meinen, eine
Hungersnot wäre ausgebrochen."
„Und wenn man dich sieht", antwortet der
dünne Hamster entrüstet, „könnte man meinen, du wärst daran schuld."

Ein Regenwurm sagt zu seiner Verlobten:
„Wenn du mich nicht auf der Stelle heiratest, werfe
ich mich vor ein Huhn!"

„Ich wünsche mir einen echten Dinosaurier
zum Geburtstag."
„Sei realistisch!"
„Okay. Dann wünsche ich mir eine Mutter, die
niemals meckert oder mir sagt, was ich tun
soll."
„Welche Farbe soll der Dino haben?"

Der Kommissar staunt: „Dieser zottelige Köter soll ein Polizeihund sein?"
„Ach, der verstellt sich nur. Er ist beim Geheimdienst."

Im Stall fragt ein Pferd das andere: „Warum hüpfst du denn die ganze Zeit auf und ab?"
„Ich habe gerade meine Medizin bekommen, und der Stallbursche hat vergessen, die Flasche zu schütteln!"

Zwei Tyrannosaurier unterhalten sich.
„Warum haben wir so scharfe Zähne?", fragt der eine.
„Damit wir gut Beute machen können", sagt der andere.
„Und warum haben wir so kräftige Beine?"
„Damit wir schnell laufen können."
„Und warum sind wir dann trotzdem im Museum gelandet?"

Die Hasenmutter ermahnt ihren Sohn:
„Du darfst aber nicht alle Karotten allein
essen! Denk doch mal an all deine Geschwister
hier im Stall."
Schmatzend antwortet der kleine Hase:
„An die denke ich schon die ganze Zeit.
Rate mal, warum ich so schnell fresse!"

Herr Hampel läuft mit einem Pinguin im Arm durch
die Stadt. „Wo haben Sie denn den Pinguin her?",
fragt eine Dame verwirrt.
„Der ist mir zugelaufen", antwortet Herr Hampel.
„Was soll ich nur mit ihm machen?"
„Gehen Sie mit ihm in den Zoo", rät die Dame.
Später treffen sich die beiden wieder. Herr Hampel
trägt immer noch den Pinguin im Arm.
„Ich habe Ihnen doch geraten, in den Zoo zu gehen!"
„Ja", sagt Herr Hampel, „da waren wir auch und hat-
ten viel Spaß. Jetzt gehen wir ins Kino."

In der Polizeiwache klingelt das Telefon:
„Hilfe, kommen Sie schnell! Hier ist eine Katze
in der Wohnung! Es geht um Leben und Tod!"
„Wer spricht denn da?", fragt der Polizist.
„Der Papagei!"

„Ich gehe nie zum Bahnhof", erklärt das Känguru.
„Warum denn nicht?"
„Zu viel Angst vor Taschendieben!"

Maus und Elefant verbringen den Tag im Freibad. Der Elefant planscht schon fröhlich im Wasser, doch die Maus steht noch ganz aufgeregt am Beckenrand. Nach einer Weile ruft sie: „He, Elefant, komm mal kurz raus!" Langsam kommt der Elefant aus dem Wasser, doch da ruft schon die Maus: „Ach, schon gut, du kannst wieder ins Wasser gehen! Ich kann meine Badehose einfach nicht finden und wollte nur mal schauen, ob du sie vielleicht anhast!"

Frau Wischmeier kommt in eine Zoohandlung. Sie schaut sich alle Tiere an, bleibt vor dem Papageien-käfig stehen und fragt: „Na, du bunter Vogel, kannst du denn auch sprechen?"
Der Papagei darauf: „Na, du alte Krähe, kannst du denn auch fliegen?"

Die kleine Schildkröte klettert mühselig auf einen Baum. Oben angekommen, springt sie ab und streckt ihre Beinchen aus. Sie prallt heftig auf den Boden und macht sich sofort wieder auf den Weg nach oben. Sie springt erneut und landet wieder jämmerlich am Boden. Das Drama wiederholt sich noch einige Male. Ein Taubenpärchen beobachtet alles. Sie zu ihm: „Ich glaube, es ist an der Zeit, ihr zu sagen, dass sie adoptiert ist."

Der Großvater schwelgt in Erinnerungen und erzählt seiner Enkelin: „Damals in Russland wurde ich von sechs Wölfen angegriffen!"
„Aber, Opa, letztes Jahr hast du gesagt, es seien zwei Wölfe gewesen!"
„Ach Kind, da warst du auch noch zu jung, um die ganze Wahrheit zu erfahren."

Der Tierarzt behandelt einen hustenden Elefanten. Er verschreibt ihm Schnaps, mit Wasser verdünnt. Nach einigen Tagen erkundigt sich der Tierarzt beim Pfleger:
„Hat es denn geholfen?"
„Dem einen Elefanten schon", antwortet der Pfleger grinsend. „Aber jetzt husten alle anderen Elefanten plötzlich auch!"

Im Zirkus sitzt Tiger Theo zufrieden neben dem erloschenen Feuerreifen. Der Zirkusdirektor jammert: „Du sollst springen, nicht pusten!"

Im Park schnuppern zwei Hunde an derselben Parkbank. Der elegante Königspudel stellt sich vor: „Ich bin adelig und heiße Frido von der Königsallee. Und wer bist du?"
Darauf antwortet der zottelige Mischlingsrüde: „Ich bin auch adelig. Man nennt mich Runter vom Sofa!"

Herr Sattelmann klagt: „Mein Hund jagt ständig
Leute auf dem Fahrrad."
„Und was wollen Sie dagegen unternehmen?"
„Na, ich werde ihm das Fahrrad wohl besser wieder
wegnehmen ..."

Kommt ein Mann in eine Bar und sieht, dass
ein Pferd am Tresen die Getränke ausschenkt.
„Na, gibt es ein Problem? Hast du noch nie ein
Pferd gesehen, das in einer Bar arbeitet?"
Darauf der Mann: „Nein, nein ... das ist es nicht,
Kumpel. Ich kann nur nicht glauben, dass der
Pinguin die Bar verkauft hat."

Im Zug tropft es aus einem Rucksack. Ein Reisender
probiert mit dem Finger.
„Alter Cognac?", fragt er den Besitzer.
„Nein, junger Dackel."

„Dein neuer Hund sieht aber gefährlich aus!
Wo hast du den denn her?"
„Der ist mir im Afrika-Urlaub zugelaufen.
Ich muss ihm nur hin und wieder die Mähne
kürzen."

„Frau Dickmann hat ihrer Katze 10.000 Euro
vererbt."
„Ja, aber der Wellensittich will das Testament
anfechten."

Im Café sagt eine Dame zum Herrn am Nachbartisch: „Nehmen Sie sofort Ihren Köter weg! Ich spüre ja schon die Flöhe springen!"
Der Mann darauf entsetzt zu seinem Hund:
„Komm da weg, Waldi, die Dame hat Flöhe!"

Wie heißt der beste Schüler in der Einhornschule?
Eins-Horn.

Ein Elefant setzt sich aus Versehen auf einen Ameisenhaufen. Die Ameisen krabbeln auf ihn, um ihren Bau zu verteidigen. Aber der Elefant schüttelt sich nur und alle Ameisen fallen herunter. Nur eine klammert sich am Hals des Elefanten fest. Die anderen rufen begeistert:
„Los, Udo, würg ihn!"

Ein Hund trifft einen anderen im Supermarkt. Der ist schwer beladen mit Einkaufstüten.
„Herrje, was schleppst du denn da alles?"
Knurrt der andere: „Es begann alles damit, dass ich hin und wieder die Zeitung geholt habe ..."

„Mein Pferd schielt", beschwert sich Sandra bei ihrer Freundin.
„Wie kommst du denn darauf?"
„Es frisst immer zuerst die Äpfel vom Nachbarn."

„Wo ist denn eure Katze?"
„Im Fitnessstudio."
„Aber was macht sie denn dort?"
„Sie will auch endlich einen Muskelkater."

„Eine Eintrittskarte, bitte", sagt das Pferd.
„Oje, ein sprechendes Pferd!", ruft die
Kassiererin an der Kinokasse.
„Keine Sorge", beruhigt sie das Pferd. „Wenn
der Film läuft, bin ich ganz still."

Das Eisbärbaby zu seiner Mutter:
„Mami, bist du dir sicher, dass alle unsere Vorfahren Eisbären waren?"
„Ja, natürlich", antwortet die Mutter.
„Dein Papa auch?"
„Ja, natürlich."
„Und dessen Papa auch?"
„Ja, der auch."
„Hilft mir auch nicht, ich friere trotzdem!"

Ein Pferd kommt in die Bäckerei. Die Verkäuferin fragt: „Warum machen Sie denn so ein
langes Gesicht?"

Ein Holzwurm kommt nach Hause und verkündet
aufgeregt: „Nun zieht euch mal alle schick an.
Heute gehen wir fein aus und essen chinesisch. Der
Antiquitätenladen hat Möbel aus Hongkong."

Ein stattlicher Boxer trottet durch die Siedlung und sieht, wie eine hübsche Pudeldame aus einem Fenster schaut. Er bleibt interessiert stehen und sagt freundlich: „Komm doch zu mir heraus!"

„Das geht nicht", antwortet sie. „Die Haustür ist abgeschlossen."

„Dann spring doch einfach aus dem Fenster zu mir runter!"

„Spinnst du? Damit ich auf die Schnauze falle und so aussehe wie du?"

Zwei Faultiere hängen an einem Ast. Das eine Faultier gähnt. Meint das andere:
„Mann, du kannst einem aber auch einen Schrecken einjagen!"

„Du, ich habe ein Stinktier zu Hause!"
„Iiiih, wo schläft es denn?"
„Na ja, bei uns im Schlafzimmer."
„Aber das ist ja furchtbar! Dieser Gestank ..."
„Ja, ich weiß, aber daran wird sich das Tierchen schon gewöhnen."

Neulich im Restaurant:
„Herr Ober, haben Sie Froschschenkel?"
„Ja!"
„Dann hüpfen Sie sofort in die Küche und bringen Sie mir ein Schnitzel!"

Kommt der Hahn mit einem Straußenei auf die Hühnerfarm: „Mädels, ich will ja nicht meckern, aber schaut euch mal an, was die Konkurrenz macht."

Zwei Ziegen stehen auf der Weide. Sagt die eine:
„Wollen wir tanzen gehen?"
„Ne, ich habe keinen Bock."

Wundert sich das kleine weiße Kaninchen im Aufklärungsunterricht:
„Dann stimmt das also gar nicht mit dem Zylinder?"

„Mein Kaninchen ist weggelaufen", weint Lilli.
„Dann sollten wir eine Anzeige in der Zeitung aufgeben", schlägt die Mutter vor.
„Aber es kann doch gar nicht lesen!"

Herr Plaudertasche zum Zirkusdirektor:
„Ich habe eine sensationelle Nummer für Sie!"
Er führt einen Fuchs und einen Papagei in die Manege. Der Papagei sitzt auf dem Rücken des Fuchses und singt.
„Das ist doch ein Trick", vermutet der Direktor.
„Ehrlich gesagt, ja", gibt Herr Plaudertasche zu.
„Der Papagei bewegt nur den Schnabel und der Fuchs singt."

„Wusstest du, dass auch Tiere boxen können?",
fragt Franzi ihre Freundin Jana.
„Quatsch", sagt Jana, „das glaube ich nicht."
„Doch!", beharrt Franzi. „Ich habe gestern ein Schild
gesehen, auf dem stand: ‚Pferdeboxen 30 Euro.'"

Eine edle Dame führt ihr durstiges Pferd an
eine Tränke. Da entdeckt sie plötzlich den
Stallburschen und schimpft: „Was fällt dir ein,
meinem Pferd die Zunge rauszustrecken, du
alter Flegel?"
Darauf der Stalljunge: „Entschuldigen Sie bitte,
aber Ihr Pferd hat damit angefangen!"

Ein Regenwurm kriecht nach einem Regenschauer
aus der Erde und bemerkt ganz in seiner Nähe einen
zweiten Wurm. Er sagt: „Wie schön du bist! Dich
würde ich sofort heiraten!"
„Quatsch", sagt der Zweite. „Ich bin doch dein anderes Ende!"

Ein Mann spielt im Park Schach mit seinem
Pferd.
„Ihr Pferd ist aber wirklich klug", sagt ein
anderer Mann, der das Spiel beobachtet.
„Wieso? Es verliert doch immer."

„Stell dich nicht so an", sagt der Igel und küsst die
Klobürste.

Im Kunstunterricht sollen die Kinder eine Kuh auf einer Wiese malen. Hannes gibt ein leeres Blatt ab. „Wo ist denn die Wiese?", fragt der Lehrer.
„Die hat die Kuh gefressen."
„Und wo ist die Kuh?"
„Weg. Was soll sie denn noch hier, wo es doch kein Gras mehr gibt?"

Ein Wanderer fragt Bauer Ewald:
„Entschuldigen Sie, wenn ich die Abkürzung über Ihre Weide nehme, erwische ich dann noch den Zug um Viertel nach zwei?"
Der Bauer nickt und antwortet: „Und wenn unser störrischer Ziegenbock Sie entdeckt, dann schaffen Sie sogar noch den Zug um zwei Uhr."

Auf der Weide grast genüsslich die Stute Hannelore. Hinter ihr macht eine Schar Spatzen einen großen Radau. „He", ruft Hannelore.
„Wenn ihr nicht sofort Ruhe gebt, bleibt mein Feinkostladen heute geschlossen!"

Ein Pferd und ein Hund kommen in ein Hotel. Das Pferd bestellt ein Zimmer, lässt das Gepäck hinaufbringen, bestellt Abendessen für zwei und geht zum Aufzug. Da ruft ihm der Rezeptionist nach: „He, Mister, den Hund dürfen Sie aber nicht mit aufs Zimmer nehmen!"

Unterhalten sich zwei Freunde:
„Hast du schon das wilde Pony gezähmt, das du
dir neulich gekauft hast?"
„Ja, das war überhaupt kein Problem! Und die
beiden Zähne wollte ich mir sowieso ziehen
lassen."

Elefant und Maus gehen über eine Hängebrücke. Der
Elefant fragt: „Warum wackelt die Brücke denn so?"
Darauf die Maus: „Ach, Elefant, ich trage doch heute
meine schweren Stiefel."

„Du bist ein richtiger Esel", schimpft Felix. „Dir
fehlen nur noch die Hörner!"
„Hörner?", schreit Theo. „Ein Esel hat überhaupt keine Hörner, du Trottel!"
„Umso besser, dann fehlt dir also gar nichts
mehr zum Esel!"

Die Hühnerdamen Wilma und Frieda unterhalten
sich.
„Ich fürchte, der Tierarzt behandelt mich nicht
richtig. Diese Bananendiät bekommt mir nicht gut",
berichtet Wilma.
„Ach, Unsinn", antwortet Frieda, „und jetzt hör auf,
dich zu kratzen, und komm von dem Baum runter!"

Warum frisst der Löwe rohes Fleisch?
Weil er nicht kochen kann.

Ein Kakadu beschwert sich: „Jetzt bin ich schon über achtzehn Jahre alt und man nennt mich immer noch Kakadu statt KakaSie."

Kommt ein Huhn in ein Elektrogeschäft: „Eine Legebatterie, bitte."

Mitten in der Wüste sitzt ein Mann und spielt ganz zauberhaft Geige. Ein Löwe umkreist ihn und legt sich schließlich nieder. Noch zwei weitere Löwen pirschen sich an und legen sich schließlich ebenfalls friedlich hin. Nach einiger Zeit kommt ein vierter Löwe und frisst den Geigenspieler einfach auf. Oben auf der Palme meint ein Affe zum anderen: „Ich habe es dir doch gesagt: Wenn der taube Löwe kommt, ist es mit der Musik vorbei."

„Gibt es hier Quallen, Seeigel oder Krebse?", fragt der Badegast verunsichert am Strand. „Keine Sorge", beruhigt ihn der Bademeister, „die werden alle von den Haien gefressen."

Zwei Ziegen unterhalten sich am Morgen. Die eine fragt: „Sag mal, hast du nichts von diesem Gewitter heute Nacht mitbekommen?"
„Doch, natürlich", sagt die andere.
„Und warum hast du mich nicht geweckt? Du weißt doch, dass ich bei Gewitter nicht schlafen kann!"

Kommt ein Kunde ins Zoogeschäft:
„Ich hätte gerne einen sprechenden Papagei."
„So was haben wir leider nicht", antwortet der
Verkäufer, „aber einen Specht hätten wir!"
„Kann der Specht denn sprechen?"
„Das nicht – aber morsen."

Die Elefanten spielen Fußball gegen die Insekten.
Nach der Halbzeit wechseln die Insekten den Ma-
rienkäfer gegen den Tausendfüßer aus und schon
nach wenigen Minuten steht es 16 : 2 für die Insekten. Nach dem Spiel fragt ein Elefant den Trainer
der Insekten: „Warum habt ihr diesen Profi denn
nicht schon viel früher eingewechselt?"
„Ach, der Typ braucht immer so lange, bis er alle
Fußballschuhe anhat!"

Der kleine Karl fragt den Zoohändler:
„Haben Sie Seehunde?"
„Nein."
„Haben Sie Hunde?"
„Ja."
„Können die Hunde sehen?"
„Ja."
„Dann haben Sie doch Seehunde!"

Kommt ein Reh zum Arzt und klagt: „Herr Doktor, sehen Sie nur, ich habe Haarausfall."
Darauf der Arzt: „Da sind Sie bei mir aber falsch. Sie müssen in eine Rehaklinik!"

☆ Ein Mann kommt in die Kirche, um seine Katze taufen zu lassen.
„Das geht auf keinen Fall!", sagt der Pfarrer.
„Diese Katze ist aber wie ein Familienmitglied für mich und ich lege auch 1.000 Euro in den Klingelbeutel", beharrt der Mann.
Der Pfarrer willigt ein: „Na gut, aber nur wenn Sie es niemandem erzählen."
Die Katze wird getauft, doch der Mann kann es nicht für sich behalten und erzählt es im ganzen Dorf – so erfährt es auch der Bischof.

Der lässt den Pfarrer zu sich kommen: „Ja, sind Sie denn verrückt geworden, eine Katze zu taufen?"
„Der Mann hat aber 1.000 Euro in den Klingelbeutel gelegt", verteidigt sich der Pfarrer.
Darauf der Bischof: „Wundervoll, und wann ist die Konfirmation?"

Auf der Suche nach einem warmen Plätzchen für seinen Winterschlaf findet ein Siebenschläfer auf einem Dachboden einen alten Spiegel. Als er hineinguckt, denkt er: „Ja, dieses Bild hätte ich auch weggeworfen."

Zwei Spatzen beobachten einen Düsenjet am Himmel. Nach einer Weile fragt der eine: „Wow, warum kann der bloß so schnell fliegen?"
Da sagt der andere: „Wenn du so viel Feuer unterm Hintern hättest, dann würdest du auch so schnell fliegen."

 Im Zoo fragt ein Löwe seinen dünnen Artgenossen: „Warum geben die Wärter mir eigentlich jeden Tag Fleisch und dir immer nur Eicheln?"
Jammert der andere Löwe: „Na ja, in diesem Gehege sollte eigentlich ein Wildschwein wohnen!"

Genervt fragt die Stute ihr kleines Fohlen:
„Wie oft muss ich dir denn noch sagen, dass du von der Haferkiste wegbleiben sollst?"
„Gar nicht mehr, Mama", schmatzt das Fohlen.
„Sie ist schon leer."

Die Hechtmutter zu ihrem Kind: „Schwimm gerade, sonst wirst du später ein Rollmops."

Der Lehrer hat eine Idee: „Wenn mir jemand meine erste Frage beantworten kann, dann muss er auf die zweite Frage keine Antwort mehr geben.
Also, wie viele Zähne hat ein Hai?"
Da schreit die kleine Lea: „76!"
Der Lehrer fragt völlig perplex:
„Aber wie kommst du denn auf diese Zahl?"
Da antwortet Lea: „Das ist dann die zweite Frage, auf die ich nicht antworten muss, oder?"

Eine Eintagsfliege meldet sich beim Arbeitsamt und fragt nach einem Halbtagsjob. Der Sachbearbeiter fragt daraufhin: „Und warum soll es ausgerechnet ein Halbtagsjob sein?"
„Na, ich möchte schließlich nicht mein ganzes Leben lang arbeiten!"

Sagt die Mottenmutter zu ihrer Tochter:
„Also, wenn du jetzt nichts von dem alten Socken frisst, gibt's zum Nachtisch auch keinen Pelzmantel!"

Sagt ein Dinosaurier zu seinem Freund:
„Mist, mich hat ein Tiger gestochen!"
Der Freund sagt: „Nein, nein, das war eine Wespe!"
„Ja, kann sein. Eben irgendein kleines gelbschwarz gestreiftes Viech!"

Die Sauriermutter ist mit ihren Kindern am Wasser-
loch. Alle nehmen einen großen Schluck. Plötzlich
fangen die Kleinen an zu prusten.
Fragt die Mutter: „Habt ihr euch etwa verschluckt?"
„Nein, nein, Mama", beruhigen die Kleinen sie, „wir
sind alle noch da!"

Auf der Glatze eines Mannes trippelt die
Fliegenmama mit ihren Kindern.
„Seht ihr, als ich noch klein war, gab es hier
nur einen ganz schmalen Trampelpfad."

Maike geht zum Uhrmacher und fragt:
„Können Sie mein Pferd reparieren?"
„Aber ich bin doch Uhrmacher!"
„Das ist richtig, aber mein Pferd bleibt alle fünf
Minuten stehen."

Der Lehrer fragt: „Luise, kannst du mir eine
Schmetterlingsart nennen?"
„Klar, welche denn?"

Die Hasenmutter fragt ihr Kind:
„Warum spielst du eigentlich immer mit den unge-
zogenen Hasenkindern?"
„Weil die artigen Hasenkinder von ihren Müttern
gesagt bekommen, dass sie nicht mit mir spielen
sollen."

„Maulwürfe sind sehr nützliche Tiere", erklärt der Lehrer. „Ein einziger Maulwurf frisst am Tag so viele Schädlinge, wie er selber wiegt." Das kann der kleine Tom nicht glauben und fragt: „Und woher weiß so ein Maulwurf, wie viel er wiegt?"

Zwei Vögel sitzen auf einem Baum im FKK-Gelände und beobachten aufmerksam das nackte Treiben. Plötzlich schüttelt der eine den Kopf und meint: „Komisch, alle zur gleichen Zeit in der Mauser!"

Zwei Mücken im Zoo streiten sich. Plötzlich droht die eine: „Pass auf, ich habe heute Tigerblut in mir!"

Eine Spatzenfrau erzählt ihrer Freundin:
„Ich lasse mich von meinem Mann scheiden!"
„Aber warum denn?"
„Seit sechs Monaten hat er eine Meise!"

Die Polizei von Münster schickt den Kollegen in Warendorf Fotos von einem gestohlenen Pferd: von vorne aufgenommen, von hinten, von der Seite und auch mit Reiter. Einige Tage später erhalten sie eine Mail aus Warendorf: „Drei der vermissten Pferde wurden bereits gefunden, dem Reiter sind wir auf der Spur!"

Auf der Weide wird eine Ameise von einem Pferdeapfel begraben. Als sie sich endlich wieder herausgewühlt hat, ruft sie wütend zu dem Pferd hoch: „So eine Frechheit! Und auch noch mitten ins Auge!"

„Was ist ein Rotkehlchen?", fragt Maja ihre Schwester.
„Ach, das ist irgend so ein verrückter Fisch", antwortet die Schwester.
„Aber hier steht, es hüpft von Ast zu Ast."
„Da siehst du mal, wie verrückt der Fisch ist!"

Ein Schwein steht im Wald bei einer Pfütze und schöpft Wasser. Da sieht es in der Pfütze sein Spiegelbild, betrachtet sich und sagt zu sich: „Ich bin das schönste und stattlichste Tier im Wald!"
Auf einmal steht hinter ihm ein großer Bär und fragt: „Was hast du da eben gesagt?"
Da stammelt das Schwein: „Was man halt so daherredet, wenn man zu viel getrunken hat!"

„Rate mal, was das ist!", sagt Hannes zu seiner großen Schwester. „Es ist fünf Zentimeter groß, hat einen ekeligen schwarzen Körper und lange Klauen!"
„Keine Ahnung. Sag schon!"
„Ich weiß es auch nicht, aber es krabbelt auf deinem Nacken!"

Einige Hennen betrachten beim Schaufensterbummel die unterschiedlichen Eierbecher. Ein Huhn ist ganz begeistert: „Mensch, was für eine große Auswahl an Kinderwagen die hier haben!"

Zwei Frösche treffen sich auf der Wiese. Einer von ihnen ist über und über mit Pflastern bedeckt.
„Was ist denn mit dir passiert?", ruft der eine Frosch entsetzt.
Da stöhnt der andere: „Ich habe aus Versehen einen Knallfrosch geküsst!"

Treffen sich zwei Schnecken. Eine hat ein blaues Auge.
„Was ist denn mit dir passiert?", fragt die andere besorgt.
Antwortet die andere Schnecke empört: „Als ich gestern nach Hause ging, schoss plötzlich ein Pilz aus dem Boden."

Eine Schlange und ein Tausendfüßer verabreden sich um drei Uhr bei der Schlange zu Hause. Der Tausendfüßer kommt aber erst um acht Uhr. „Warum kommst du so spät?", fragt die Schlange.
Antwortet der Tausendfüßer: „Draußen an der Tür steht: Bitte die Füße abtreten."

Kurz vor Weihnachten sagt die kleine Sophie: „Mami, ich wünsche mir ein Pony!"
Die Mutter antwortet: „Na gut, mein Schatz, morgen gehen wir zum Friseur."

Die Eisbäreneltern warten auf das erste Wort ihres Sohnes.
Der Vater: „Bestimmt sagt er Papa!"
Die Mutter: „Nein, bestimmt sagt er zuerst Mama!"
Darauf der Kleine: „Saukalt hier!"

Kommt ein Huhn in den Supermarkt und fragt: „Haben Sie große Eierkartons? Ich möchte mit meinen Kindern verreisen."

Ein Mann kommt zum Psychiater und sagt: „Herr Doktor, ich bin ein Hund."
„Legen Sie sich schon mal auf die Couch."
„Aber ich darf doch nicht auf die Couch!"

Zwei Flöhe kommen aus dem Kino.
„Hüpfen wir nach Hause oder sollen wir uns einen Hund nehmen?"

„Ich hätte gern ein Pferd für meine Frau!"
„Tut mir leid, Tauschgeschäfte machen wir leider nicht."

Der Igel ruft: „Ich lasse mich scheiden! Ich kann die Sticheleien meiner Frau nicht länger ertragen!"

Der kleine Hase geht zum Schneemann und sagt: „Möhre her oder ich föhne dich!"

Ein Schwein beschwert sich beim Esel:
„Das ist ja so gemein! Alle machen hässliche Schimpfwörter aus mir!"
Da antwortet der Esel verständnisvoll:
„Das ist ja eine Schweinerei!"

„Du hast aber einen süßen Mops!"
„Das ist kein Mops."
„Was soll das denn sonst sein?"
„Unsere Katze ist gegen die Wand gelaufen."

Kommt ein Frosch in den Laden.
Fragt der Verkäufer: „Was darf es denn sein?"
Darauf der Frosch: „Quark!"

Ein Pferd kommt in eine Bar und bestellt sich ein Glas Wein.
„Was kostet das?", fragt es den Wirt.
„Sechs Euro", sagt der Mann und meint:
„Also, ein Pferd habe ich wirklich noch nie bedient."
Da meint das Pferd nur: „Kein Wunder, bei diesen Preisen!"

Bauer Egon beschwert sich: „Auf meinem Hof lebt der faulste Hahn der Welt. Wenn frühmorgens der Hahn von Nachbar Paule laut kräht, nickt meiner nur zustimmend mit dem Kopf."

 Was ist der Lieblingsbaum des Einhorns?
Der Ahorn.

Und wie heißt die Lieblingsblume des Einhorns?
Hornveilchen.

„Wieso hat Paul so einen dicken Verband um die Hand?", fragt Pauls kleine Schwester.
„Paul hat seine Hand in das Maul des Ponys gesteckt, um zu zählen, wie viele Zähne es hat", erklärt die Mutter.
„Und was ist dann passiert?"
„Dann hat das Pony das Maul zugeklappt, um zu zählen, wie viele Finger Paul hat!"

Ein kleines Ferkel kommt auf seinen Streifzügen durch das Bauernhaus an einer Steckdose vorbei, schaut fassungslos und grunzt: „Na, Kumpel, warum haben sie dich denn eingemauert?"

Das Kamelkind fragt seinen Vater:
„Du, Papi, warum haben wir eigentlich zwei Höcker auf dem Rücken?"
Der Kamelvater antwortet: „Darin speichern wir Nährstoffe, wenn wir durch die Wüste ziehen."
Das Kamelkind fragt weiter: „Und warum haben wir so lange Wimpern?"
„Damit uns der Wind nicht den Sand in die Augen weht, wenn wir durch die Wüste ziehen."
„Und warum haben wir Hufe anstelle von Füßen?"
„Damit wir nicht im Sand einsinken, wenn wir durch die Wüste ziehen."
„Und was machen wir dann hier im Zoo?"

Die Tiere im Zoo sind aufgeregt. Heute kommt der Fotograf, um von allen Tieren ein Foto zu machen. Die Ziegen aus dem Streichelzoo haben sich besonders hübsch gemacht. Da sagt das Zebra traurig zum Pinguin: „Das ist doch wirklich gemein! Alle bekommen farbige Fotos, nur wir werden wieder schwarz-weiß fotografiert!"

Anruf in der Tierarztpraxis: „Herr Doktor, meine Frau kommt gleich mit unserer Katze in Ihre Sprechstunde. Geben Sie ihr doch bitte eine Spritze, damit sie ruhig und friedlich einschlafen kann."

„Ja natürlich, das mache ich", sagt der Doktor, „und Ihre Katze findet dann allein nach Hause?"

Die Arche Noah ist zu voll und droht zu sinken. Die Tiere haben sich versammelt, um zu entscheiden, welches Tier das Schiff verlassen muss. Sie sind sich schnell einig und verkünden ihr Urteil:

„He, Breitmaulfrosch, wir haben entschieden, dass das Tier mit dem breitesten Maul die Arche verlassen muss."

Darauf macht der Frosch einen Kussmund und sagt: „Oje, das arme Krokodil!"

Maus und Elefant fahren mit der U-Bahn.
„Oje, ich habe meine Fahrkarte vergessen",
stellt der Elefant fest.
„Macht doch nichts", meint die Maus. „Dann
sage ich einfach, du bist mein Haustier."

Drei Schildkröten machen sich gemeinsam auf den
Weg zu einer Quelle. Nach vielen Jahren kommen
sie endlich an. Durstig wollen sich zwei der Schildkröten auf das Wasser stürzen, da stellt die dritte
fest, dass sie ihre Trinkbecher vergessen haben.
Sie entscheidet: „Ihr zwei wartet hier, ich gehe zurück und hole unsere Becher."
Die anderen beiden warten zwei Jahre. Da hält es die
eine Schildkröte nicht mehr aus und ruft: „Also ich
muss jetzt sofort etwas trinken!"
Doch gerade als sie einen Schluck nehmen will,
kommt die dritte Schildkröte aus dem Gebüsch und
sagt: „Also wenn ihr schummelt, dann gehe ich gar
nicht erst los…"

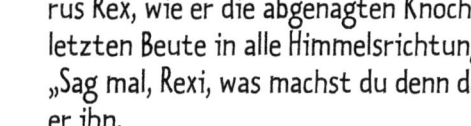

Ein Velociraptor beobachtet einen Tyrannosaurus Rex, wie er die abgenagten Knochen seiner
letzten Beute in alle Himmelsrichtungen wirft.
„Sag mal, Rexi, was machst du denn da?", fragt
er ihn.
„Ach", antwortet der Tyrannosaurus, „ich will
es den Wissenschaftlern später auch nicht zu
leicht machen."

HADDU HÄSCHEN-WITZE?

Häschen sitzt im Bus hinter einer Frau mit einem Fuchsfell-Kragen am Mantel. Es spricht sie an: „Biddu die Gans, die der Fuchs gestohlen hat?"

Kommt ein Häschen zum Schneider: „Haddu Faltenröcke?"
„Nein."
Am nächsten Tag fragt das Häschen dasselbe. Am dritten Tag kommt es wieder und fragt den Schneider: „Haddu Faltenröcke?"
Der Schneider sagt stolz: „Ja, habe ich mir besorgt!"
Darauf das Häschen: „Muddu bügeln!"

Im Zoogeschäft fragt das Häschen den Verkäufer: „Haddu Mäuse?"
„Ja, ich habe Mäuse", antwortet der Verkäufer.
„Muddu zur Bank bringen, kriegst du Zinsen", ruft das Häschen.

Das Häschen fragt den Kellner im Café: „Haddu kalten Kakao?"
„Nein, ich habe keinen kalten Kakao", antwortet der Kellner.
Am nächsten Tag kommt das Häschen wieder und fragt: „Haddu kalten Kakao?"
Der Kellner antwortet: „Ja, den haben wir extra für dich besorgt!"
Häschen: „Jippie! Kannst du mir warm machen?"

Das Häschen geht zum Getränkehändler und
fragt: „Haddu Apfelsaft?"
Getränkehändler: „Ja!"
„Haddu auch Orangensaft?"
„Ja!"
„Und haddu Traubensaft?"
„Habe ich auch."
„Dann haddu einen Saftladen!"

Das Häschen fragt den Metzger: „Haddu Eisbein?"
„Ja, ich habe Eisbein", sagt der Metzger.
Meint das Häschen: „Muddu warme Socken
anziehen!"

Das Häschen fragt den Bäcker: „Haddu
Bienenstich?"
„Ja", sagt der Bäcker, „mein Bienenstich ist
heute sogar ganz frisch!"
Bedauert ihn das Häschen: „Du Armer, muddu
Salbe draufmachen!"

Mitten in der Nacht klingelt das Häschen an der
Apotheke. Verschlafen blickt der Apotheker aus
dem Fenster.
„Haddu Bonbons?", ruft das Häschen.
„Natürlich. Aber hätte das nicht bis morgen früh
Zeit gehabt?"
„Haddu auch wieder recht", sagt das Häschen und
hoppelt davon.

65

Das Häschen kommt in die Drogerie und fragt:
„Haddu Öl?"
„Ja, jede Menge", sagt der Verkäufer.
„Muddu Scheich sein!"

Häschen hoppelt zum Taxistand und fragt den
Taxifahrer: „Biddu noch frei?"
Der Taxifahrer nickt.
„Muddu mal heiraten!"

Häschen macht eine Reise nach Berlin. Am
Brandenburger Tor fragt es einen dicken Mann:
„Biddu Berliner?"
„Ja, bin ick!", antwortet dieser stolz.
Fragt das Häschen zweifelnd: „Haddu auch
Marmelade im Bauch?"

Fragt das Häschen die Bäckerin: „Haddu frische
Brötchen?"
„Natürlich. Das siehst du doch", antwortet die
Bäckerin.
„Muddu schnell verkaufen, sonst sind sie nicht
mehr frisch!"

Trifft Häschen einen Fisch und fragt: „Haddu
Schuppen?"
Fisch: „Ja!"
Häschen: „Muddu Haare waschen!"

Geht das Häschen in den Gemüseladen und fragt den Verkäufer: „Haddu Rotkohl?"
„Nein", sagt der Verkäufer, „ich hab nur Weißkohl."
„Muddu rot anstreichen, dann haddu Rotkohl!"

Kommt das Häschen zum Apotheker und fragt: „Haddu Tempo?"
„Na klar", sagt der Apotheker freundlich, „sogar ganz viele!"
„Muddu lieber ganz schnell bremsen!", sagt das Häschen.

Am Abend kommt das Häschen in ein Obstgeschäft.
„Haddu Birnen?", fragt es den Obsthändler.
„Ja, natürlich", sagt der.
„Dann muddu auch Licht machen!", sagt das Häschen kopfschüttelnd.

Häschen kommt in die Bank und fragt die Bankangestellte:
„Haddu 100-Euro-Scheine?"
„Ja, natürlich."
„Haddu 200-Euro-Scheine?"
„Ja, natürlich."
„Haddu auch 500-Euro-Scheine?"
„Klar."
„Hände hoch! Überfall!"

Das Häschen sieht einem Dackdecker bei der Arbeit zu und fragt: „Haddu da oben Möhrchen?"
Der Dachdecker schüttelt den Kopf. Im nächsten Augenblick rutscht er aus und fällt dem Häschen direkt vor die Pfoten. Da beugt sich das Häschen über ihn und sagt voller Mitleid: „Muddu nicht so schnell runterkommen – ich hab auch keine."

 Das Häschen will einen Freund anrufen, wählt aber die falsche Telefonnummer. Meldet sich der Teilnehmer am anderen Ende der Leitung: „Hier Zietz."
Meint das Häschen: „Muddu Fenster zumachen!"

Das Häschen verwählt sich erneut und am anderen Ende der Leitung meldet sich jemand: „Hier Belz!"
Sagt das Häschen: „Muddu mal Gassi gehen!"

 Das Häschen geht ins Sportgeschäft und fragt den Verkäufer: „Haddu Angelrute?"
„Ja, ich habe Angelruten."
„Haddu Angelhaken?"
„Ja, ich habe auch Angelhaken!"
„Haddu auch Würmer?"
„Ja, ich habe Würmer."
„Muddu schnell zum Doktor!"

Häschen kommt ins Restaurant gehoppelt.
Der Kellner fragt: „Willst du Salat?"
„Nein", sagt das Häschen.
„Willst du vielleicht Möhrchen?"
„Nein!"
„Möchtest du lieber Kohl?"
„Nein", ruft das Häschen grimmig. „Will
Jägerschnitzel!"

Auf dem Marktplatz sieht das Häschen einen
grauen Vogel und fragt: „Biddu 'ne Taube?"
Sagt der Vogel: „Ja, bin ich."
Ruft das Häschen: „Muddu Hörgerät kaufen!"

Häschen ruft in der Metzgerei an und fragt den
Metzger:
„Haddu Kalbskopf?"
„Ja, habe ich."
„Haddu Rinderzunge?"
„Ja, habe ich."
„Haddu Hähnchenbrust?"
„Ja, habe ich."
„Haddu Schweinsohren?"
„Ja, habe ich."
„Haddu Eisbein?"
„Ja, habe ich."
„Muddu aber hässlich aussehen!"

Im Musikgeschäft fragt das Häschen die Verkäuferin: „Haddu Töne?"
Die Verkäuferin schüttelt den Kopf. Da springt das Häschen auf und beißt ihr kräftig ins Bein. Die Verkäuferin schreit laut auf.
Sagt das Häschen: „Haddu also doch Töne!"

Der Apotheker hat es satt, dass das Häschen ihn immer ärgert, und sagt zu ihm: „So, ich schenke dir meine Apotheke!"
Am nächsten Tag kommt er hinein und fragt: „Haddu Möhrchen?"
Da antwortet das Häschen: „Ja, aber haddu auch Rezept?"

Kommt ein Häschen in die Bäckerei und fragt: „Haddu fünzig Brote?"
Der Bäcker sagt: „Nein, so viele Brote habe ich nicht."
 Das wiederholt sich nun jeden Tag und irgendwann sagt der Bäcker: „Ja, heute habe ich fünzig Brote."
„Gut", freut sich das Häschen, „dann hätte ich gern zwei davon!"

Das Häschen geht in die Eisdiele und fragt:
„Haddu Vanilleeis mit Spinat?"
„Nein!"
Am nächsten Tag fragt es wieder: „Haddu Vanilleeis mit Spinat?"
„Nein!"
Am Tag darauf fragt es erneut: „Haddu Vanilleeis mit Spinat?"
„Ja!"
„Pfui, wer soll so was denn essen?"

Häschen kommt in eine Kirche und fragt den Pastor: „Kenndu Adam und Eva?"
„Natürlich."
„Muddu aber alt sein!"

Ein junger Mann sitzt am Flussufer und schreibt Gedichte.
Häschen fragt: „Biddu ein Dichter?"
„Ja!"
Meint das Häschen: „Dann muddu mir helfen beim Dichten von meinem Boot!"

Das Häschen kommt zur Kinokasse und fragt:
„Haddu Parkett?"
„Ja, natürlich!"
„Muddu immer gut putzen!"

71

 Häschen kommt in den Kiosk und fragt:
„Haddu eckige Bonbons?"
„Ja, habe ich."
„Muddu rund lutschen!"

Häschen geht zum Elektriker und fragt:
„Haddu Glühbirne?"
„Ja, habe ich."
„Muddu zum Doktor, haddu bestimmt Fieber!"

Häschen geht ins Musikgeschäft, schaut sich
ein paar CDs an und fragt die Verkäuferin:
„Haddu Platten?"
„Ja, habe ich!"
„Muddu mal Reifen wechseln!"

Häschen geht zum Optiker und fragt:
„Haddu Brille?"
„Ja, habe ich."
„Muddu beim Pipimachen hochklappen!"

Häschen fragt die Verkäuferin im Supermarkt:
„Haddu Milch?"
„Ja, habe ich."
„Haddu Fettarme?"
„Ja, habe ich auch."
„Muddu lange Ärmel tragen."

DIE SCHRÄGSTEN FLACHWITZE

Was sitzt auf einem Baum und winkt?
Ein Huhu.

Was ist gelb und schießt?
Eine Banone!

Was ist ein Keks unter einem Baum?
Ein schattiges Plätzchen.

Was macht ein Wikinger auf einem Eisberg?
Frieren.

Kellner zum Gast: „Hatten Sie Barsch bestellt?"
„Nein, höflich."

Sagt der Hefeteig glücklich zu seinem
besten Freund:
„Also ich weiß ja nicht, wie es bei dir ist, aber
ich gehe bei der Arbeit richtig auf!"

Treffen sich zwei Magnete. Sagt der eine:
„Na, wie geht es dir heute?"
„Ganz gut. Ich weiß nur nicht, was ich heute
anziehen soll."

Was ist bunt und rennt aus dem Haus?
Ein Fluchtsalat.

Was fliegt durch die Luft und macht mmus, mmus?
Eine Biene im Rückwärtsgang.

Was ist süß, klebrig und schwingt sich von
Baum zu Baum?
Tarzipan!

Wer lebt im Himalaya und bastelt gern?
Ein Kneti.

Was ist gelb und steht am Fenster?
Eine Spannanas.

Welcher Fisch ist besonders nervig?
Der Stör.

Was sagt der große Stift zum kleinen Stift?
Wachsmalstift!

Ein Mann geht in die Bäckerei. Er läuft an den
wartenden Kunden vorbei, schlägt seinen Kopf auf
die Theke und ruft: „Ätsch, habe ich doch noch ein
Hörnchen bekommen!"

„Max, findest du, dass ich dir eine
schlechte Mutter bin?
„Ich heiße Emil."

Wie klingelt ein Gorilla?
King-Kong.

> Wer lebt im Dschungel und schummelt?
> Mogli.

Ich wollte dir einen Zeitreisewitz erzählen,
aber du mochtest ihn nicht.

> Was ist unsichtbar und riecht nach Karotten?
> Ein Kaninchenpups.

„Mami, Mami, ich bin fertig mit Zähneputzen!"
„Gut, dann stell die Klobürste fort."

> Was entsteht, wenn sich ein Igel und ein
> Regenwurm paaren?
> Stacheldraht.

Was essen Astronauten am liebsten?
Mars.

> Was ist groß, braun und schreibt undeutlich?
> Ein Kritzlibär.

Was ist schwarz-weiß und sitzt auf
der Schaukel?
Ein Schwinguin.

Egal wie leer du bist ...
... manche Leute sind Lehrer.

„Mami, Mami, mir ist so schwindelig!"
„Sei still, das ist doch erst der Vorwaschgang!"

Was macht ein Clown im Büro?
Faxen.

Was ist grün und klopft an die Tür?
Ein Klopfsalat.

Welchen Preis gewinnen besonders liebe Hunde?
Den No-Bell-Preis.

Was sitzt auf einem Baum und schreit „Aha"?
Ein Uhu mit Sprachfehler.

Was schwimmt im Meer und kann addieren?
Ein Oktoplus.

Was sitzt mit Kopfschmerzen im Baum und kann
nachts gut sehen?
Eine Beule.

Wie nennt man einen Mann, der Geld aus dem
Fenster wirft?
Scheinwerfer.

„Mami, Mami, ich will nicht nach Amerika!"
„Sei still und schwimm weiter!"

Wer sitzt im Baum und weint?
Die Heule.

Was ist grün, rund und qualmt?
Kohldampf.

Kommt ein Cowboy vom Friseur.
Pony weg!

Was steht auf dem Grabstein des Mathelehrers?
„Damit hat er nicht gerechnet."

Was liegt am Strand und ist schlecht
zu verstehen?
Eine Nuschel.

Was liegt erkältet am Strand und ist schlecht zu
verstehen?
Eine Niesnuschel.

Was gibt es beim Imker zum Nachtisch?
Bienenstich.

Was ist braun, knusprig und läuft mit einem Korb
zur Oma?
Brotkäppchen!

Was ist grün und macht die Toilette sauber?
Ein Klokodil!

„Mami, Mami, darf ich Murmeln spielen?"
„Nein, Opas Glasauge bleibt drin!"

Egal wie tief du schläfst …
… Albert schläft wie Einstein.

Was ist fruchtig und kann nicht still sitzen?
Eine Hampelmuse.

Wer isst gern Süßigkeiten und wohnt nebenan?
Die Naschbarin.

Was ist schwarz-weiß und hüpft von Eisberg
zu Eisberg?
Ein Springuin!

Was ist schwarz-weiß und steckt
voller Vitamine?
Eine Pandarine.

Was ist orange und immer schlecht drauf?
Ein Mürrbis.

„Mami, Mami, was gibt's heute zu essen?"
„Fliegen mit Paprika!"
„Jiiih, Paprika!"

Was hat acht Arme und fliegt in den Weltraum?
Eine Krakete!

> **Was schwimmt auf dem See und macht
> Kikeriki?
> Ein Wasserhahn.**

 Was macht das Nilpferd, wenn es müde ist?
Ein Dickerchen.

> **Ein Fuß und ein Auge sitzen auf der Parkbank.
> Sagt das Auge: „Ich gehe jetzt."
> Sagt der Fuß: „Das will ich sehen."**

Was ist braun und sitzt hinter Gittern?
Eine Knastanie.

> **Was ist klein, haarig und unterrichtet?
> Ein Lehrschweinchen.**

Kommt ein Fuchs frühmorgens in den
Hühnerstall und ruft: „Raus aus den Federn!"

Was ist grün, grinst und hüpft über die Wiese?
Eine Freuschrecke.

Sagt die Null zur Acht: „Schöner Gürtel!"

Was ist klebrig und läuft durch die Wüste?
Ein Karamel.

 Was hängt im Urwald an den Bäumen?
Urlaub.

Wie nennt man einen Bumerang, der nicht
zurückkommt?
Stock.

Was ist groß, grau und telefoniert?
Ein Telefant!

Welches Getränk trinken Chefs am liebsten?
Leitungswasser.

 Was ist weich, süß und nicht sehr schlau?
Ein Dummibärchen!

Was ist ein großes Problem für Fußballspieler?
Platzangst.

Wann geht ein U-Boot unter?
Am Tag der offenen Tür.

Was ist gelb und kann nicht schwimmen?
Ein Bagger.
Und warum kann er nicht schwimmen?
Er hat nur einen Arm.

> Sagt die eine Wand zur anderen:
> „Wir treffen uns an der Ecke."

Was kommt raus, wenn man einen Papagei mit
einem Tausenfüßer kreuzt?
Ein Walkie-Talkie!

> Was ist ein Cowboy ohne Pferd?
> Ein Sattelschlepper.

„Herr Doktor, keiner nimmt mich ernst!"
„Ach was, Sie scherzen doch!"

> Gast zum Kellner: „Zahlen, bitte!"
> Kellner zum Gast: „Buchstaben, bitte!"

Treffen sich zwei Hellseher.
Sagt der eine: „Dir geht's gut und wie geht's mir?"

> Gehen zwei Doofe über die Straße.
> Sagt der eine: „Lass mich auch mal
> in die Mitte."

Was ist das Gegenteil von Fantasie?
Colaer.

Was sagt ein Krokodil, nachdem es einen Clown
gefressen hat?
„Schmeckt irgendwie komisch!"

„Ich bin es leid, hier rumzuhängen!", rief die Glühbirne und brannte durch.

Was wühlt den Himmel auf?
Ein Pflugzeug!

Was sagt ein Origami-Lehrer zu seinem Schüler?
„Das kannst du knicken!"

Stehen zwei Pilze im Wald.
Fragt der eine: „Na, wie geht's?"
Sagt der andere: „Sei bloß ruhig!
Pilze können gar nicht reden!"

Wohin geht ein Reh mit Haarausfall?
In die Reha-Klinik.

„Mami, Mami, hier vor der Tür steht eine Frau,
die sammelt fürs Altenheim!"
„Okay, gib ihr Opa mit!"

Was ist weiß und rollt den Berg hoch?
Eine Lawine mit Heimweh.

> Warum kann Hannes nicht lügen?
> Er ist schwindelfrei!

Treffen sich zwei Rosinen in der Weihnachtszeit.
Fragt die eine: „Warum hast du denn
einen Helm auf?"
Antwortet die andere: „Ich muss gleich
noch in den Stollen."

> Ein Baum zum anderen: „Lass uns lieber gehen,
> sonst schlagen wir noch Wurzeln."

Wie nennt man den Flur eines Iglus?
Eisdiele.

> Was macht die kleine Ameise, wenn sie den
> Fluss überqueren möchte?
> Sie wirft das ‚A' weg und fliegt hinüber.

Was gräbt und ist schnell aus der Puste?
Eine Schnaufel.

> Was macht eine Wolke mit Juckreiz?
> Sie fliegt zum Wolkenkratzer.

Eine schwangere Frau geht in die Bäckerei und sagt:
„Ich bekomme ein Brot."
Darauf der Bäcker: „Sachen gibt's …"

Was bellt und ist mit Käse überbacken?
Ein Pudelauflauf.

Was ist schwarz-weiß gestreift und berührt nicht
den Boden?
Ein Schwebra!

Was sagt die Schnecke auf dem Rücken der
Schildkröte?
„Huuuuuiiiiiii!"

Was lebt unter Wasser und sieht alles doppelt?
Ein Schielpferd.

Was ist weiß und kann fliegen?
Die Biene Majo.

Was ist groß, blau, lebt tief unter der Erde
und frisst Steine?
Der große blaue Steinfresser.

Wo wohnen Katzen am liebsten?
Im Miezhaus.

Treffen sich zwei Rühreier. Sagt das eine zum anderen: „Ich bin heute so durcheinander!"

Wie heißt ein helles Mammut?
Hellmut.

„Ich bin so unentschlossen", sagt Maik. „Als japanischer Krieger wäre ich ein Nunja!"

„Ich bin ganz gerührt", sagte der Teig.

Unterhalten sich zwei Kerzen.
„Ist Wasser eigentlich gefährlich?"
„Da kannst du von ausgehen!"

„Mami, Mami, hier vor der Tür steht ein Mann, der sammelt fürs Schwimmbad!"
„Okay, gib ihm zwei Eimer Wasser mit!"

Was heißt Rinderdiebstahl auf Englisch?
Oxford.

Wie viel wiegen ein Pferd und ein Hund zusammen?
Ein Pfund.

„Mami, Mami, ich will nicht nach Australien!"
„Sei still und grab weiter!"

Streiten sich zwei Reifen. Brüllt der eine: „Ich mach dich platt!"

Wie heißt der Zwillingsbruder von Elvis?
Zwölvis.

„Mami, Mami, ich mag Tante Berta nicht!"
„Es wird gegessen, was auf den Tisch kommt!"

Ich wollte Spiderman anrufen, aber er hatte kein Netz.

Was ist die Hälfte von acht?
Halb acht.

Zwei saure Gurken liegen im Glas. Sagt die eine: „Mann, lass mich auch mal ans Fenster!"

Es gibt drei Arten von Mathematikern. Die, die zählen können, und die, die nicht zählen können.

Wie heißen die Seeleute, die früher im Mastkorb Ausschau gehalten haben?
Fernseher.

Wie heißt der Arzt von Pinocchio?
Holz-Nasen-Ohrenarzt.

Was passiert, wenn ein Schlumpf sich stößt?
Er kriegt einen blauen Fleck.

> „Ich hab Spaghetti um meinen Wecker
> gewickelt."
> „Warum?"
> „Jetzt hab ich Essen rund um die Uhr!"

Drei Freunde heißen Fritz, außer Tom, der heißt
Victor.

> Welches ist die lustigste Automarke?
> Scherzedes.

Kennst du eigentlich Simon?
Klar, ich nenne ihn sogar schon Dumon!

> Was ist eine Brillenschlange ohne Brille?
> Eine Blindschleiche.

Was ist rot und bekommt eine Strafarbeit?
Die Schlimmbeere.

> Wie heißt Bob, wenn er Kaugummi kaut?
> Bob, der Kaumeister!

Was ist weiß und steht hinter einem Baum?
Eine schüchterne Milch.

Wie begrüßen sich zwei Unsichtbare?
„Ha, lange nicht mehr gesehen!"

Was ist braun und läuft durch den Wald?
Brotkäppchen.

Was ist grün und klopft an deine Tür?
Ein Klopfsalat.

„Wenn es morgen wieder so heiß ist, gehe ich zur Polizei."
„Und was machst du da?"
„Ich lass mich beschatten ..."

Was macht ein Steak unter dem Sofa?
Sich versteaken.

Was sind die teuersten Tomaten der Welt?
Geldautomaten.

Wer beim Metzger klingelt, muss sich nicht wundern, dass kein Schwein aufmacht.

Wie heißt eine Mücke auf dem Acker?
Feldstecher.

Wer ist zottelig und schwitzt im Schnee?
Ein Schweißbär.

Manche Häuser haben schwarze Dachziegel und manche Häuser haben rote Dachziegel. Weißt du warum?
Damit es nicht hineinregnet.

Was passiert, wenn eine Nähnadel in den Teich fällt?
Sie kriegt Wasser ins Öhr.

Was ist braun, haarig und fährt durch die Stadt?
Ein Kokosbus.

Wie nennt man einen Schäfer, der seine Herde verprügelt?
Mähdrescher.

 „Mami, Mami, hier vor der Tür steht ein Mann, der sammelt für den neuen Fußballplatz!"
„Sag Papi, er soll ein Stück vom Rasen abstechen und ihm mitgeben!"

Was ist haarig und kommt in die Pfanne?
Die Bartkartoffel.

Wer ist gefiedert und hütet auf dem Schulhof den Nachwuchs?
Die Pausenglucke.

DIE BESTEN
SCHÜLERWITZE

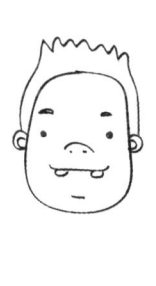

Der Lehrer weckt den schlafenden Schüler.
„Ich kann mir nicht vorstellen, dass dies der richtige Ort zum Schlafen ist!"
Darauf der Schüler freundlich: „Ach, es geht schon, Herr Lehrer. Sie müssen nur etwas leiser sprechen."

Im Unterricht erklärt der Lehrer:
„Wörter, die mit der Silbe ‚un-' anfangen, bedeuten meist etwas Schlechtes. Könnt ihr Beispiele nennen?"
„Unsinn", sagt Leonie.
„Unwetter", ruft Max.
„Unterricht", stöhnt Tom.

„Und wie viele Rechenaufgaben hatte eure Klassenarbeit?", fragt der Vater den kleinen Lutz.
„15. Und ich hatte nur eine falsch!"
„Das ist aber toll!", lobt der Vater. „Und was ist mit den anderen Aufgaben?"
„Dafür hat die Zeit leider nicht gereicht."

In der Lehrerkonferenz sagt der Direktor:
„Das Problem ist, dass unsere Schüler sich nicht richtig konzentrieren können. Was sollen wir nur dagegen tun?"
Lehrer Hausmann blickt auf: „Wogegen?"

„Welcher Vogel baut kein eigenes Nest?",
fragt der Lehrer.
„Der Kuckuck", weiß ein Schüler.
„Richtig, und wieso nicht?"
„Weil er in einer Uhr wohnt!"

Die Lehrerin fragt: „Was ist das für ein Fall,
wenn ich sage: ‚Die Schule macht mir Spaß'?"
Marie weiß es: „Das ist ein Ausnahmefall!"

Der kleine Paul fragt seine Lehrerin:
„Kann man eigentlich bestraft werden, wenn man
nichts gemacht hat?"
„Natürlich nicht", antwortet die Lehrerin.
„Super", ruft Paul erleichtert, „ich habe
nämlich meinen Aufsatz nicht geschrieben!"

„Wie ist denn das möglich? Achtzehn Fehler
in deinem Diktat!", schimpft der Vater.
Darauf Franzi: „Das liegt an meinem Lehrer!
Der sucht ja richtig danach ..."

Nach dem ersten Schultag fragt die Oma
ihre Enkelin:
„Und habt ihr in der Schule denn schon
etwas gelernt?"
„Ja, aber wohl nicht genug. Morgen muss
ich schon wieder hin."

Aus dem Klassenzimmer der 3b ist ein Höllenlärm zu hören. Der Direktor stürmt in die Klasse, schnappt sich den größten Schreihals und bringt ihn in seine eigene Klasse. Nach einer Weile klopft ein Schüler an: „Herr Direktor, könnten wir jetzt bitte unseren Mathelehrer wiederhaben?"

Anton braucht Hilfe bei den Hausaufgaben:
„Sag mal, Papi, was ist denn dieser kleinste gemeinsame Nenner?"
„Das weiß ich leider auch nicht", antwortet der Vater, „den haben sie schon gesucht, als ich noch zur Schule gegangen bin."

Nachdenklich betrachtet die Lehrerin den Aufsatz von Florian. „Das sieht doch aus wie die Handschrift deines Vaters!"
„Das kann gut sein", antwortet Florian gelassen. „Ich habe mir nämlich seinen Füller geliehen."

Fritzchens Papagei ist weggeflogen.
„Eigentlich hätte ich es ahnen können", seufzt Fritzchen auf dem Schulhof. „Immer wenn ich für Erdkunde gelernt habe, saß er auf meiner Schulter und hat in den Atlas geschaut."

Elena kommt zu spät zur Schule. Im Treppen-
haus trifft sie die Direktorin.
„Zehn Minuten zu spät!", sagt diese grimmig.
Elena nickt und meint: „Ich auch!"

Karl beschwert sich bei seiner Mutter:
„Unser Kunstlehrer hat echt gar keine Ahnung.
Der weiß nicht einmal, wie eine Giraffe aussieht."
Darauf die Mutter: „Ach, Karl, übertreibst du da
nicht ein bisschen?"
„Nein, bestimmt nicht! Gestern habe ich im Unter-
richt eine Giraffe gemalt, und da hat er mich doch
tatsächlich gefragt, was das sein soll!"

Ein wütender Schüler stellt vor dem Unterricht
seinen Lehrer zur Rede: „Wissen Sie, ich finde auch
nicht alles gut, was Sie machen! Aber renne ich
deswegen sofort zu Ihren Eltern?"

Im Musikunterricht sagt die Lehrerin:
„Jonas, sing doch bitte mal ein F."
Jonas singt.
„Und nun bitte ein C."
Jonas singt auch das C.
„Und jetzt G!"
„Wenn Sie meinen", sagt Jonas, nimmt seine Schul-
tasche und geht.

Die Mutter fragt die kleine Mia: „Was habt ihr denn heute in der Schule gemacht?"
„Wir haben tolle Experimente mit Sprengstoff gemacht", antwortet Mia vergnügt.
„Und was macht ihr morgen in der Schule?"
„In welcher Schule?"

Robins Mutter fragt beim Elternabend:
„Finden Sie nicht, dass mein Sohn sehr begabt ist und viele originelle Ideen hat?"
„Aber ja", stimmt der Lehrer zu. „Vor allem in der Rechtschreibung."

Der Lehrer stellt eine Frage:
„Toni, was ist weiter von der Erde entfernt? Der Mond oder Afrika?"
„Afrika!", antwortet Toni prompt.
„Aber wie kommst du denn darauf?"
„Den Mond kann ich jeden Abend vom Fenster aus sehen – Afrika nicht."

Moritz muss zur Strafe einhundert Mal ‚Ich darf den Lehrer nicht duzen!' schreiben. Er schreibt es sogar zweihundert Mal und der Lehrer will wissen, warum. Da antwortet Moritz: „Weil ich dir eine Freude machen wollte."

Der Lehrer tadelt David: „Hör zu, David, es gibt zwei Wörter, die ich nie wieder in deinen Aufsätzen lesen möchte. Das eine ist ‚saucool' und das andere ‚ultrakrass'!"
David nickt verständnisvoll und meint: „Alles klar. Und wie heißen diese beiden Wörter?"

Die Lehrerin fragt wütend: „Tim, kaust du etwa schon wieder Kaugummi?"
„Ja, aber ..."
„Los, sofort in den Papierkorb!"
„Den Kaugummi auch?"

Jim war zwei Tage nicht in der Schule. Am dritten Tag überreicht er dem Lehrer seine Entschuldigung:
„Hiermit entschuldige ich das Fehlen meines Sohnes. Er war wirklich sehr krank. Hochachtungsvoll, Meine Mutter."

Jonas kommt fünf Minuten zu spät zur Schule und wird sofort von der Lehrerin getadelt. Darauf Jonas: „Das ist unfair! Sie sagen doch immer: Zum Lernen ist es nie zu spät!"

Frau Apfelbaum fragt den neuen Schüler:
„Wie heißt du denn?"
„Florian Schmitz."
„Und dein Alter?"
„Wilhelm Schmitz."

Christian fragt seinen Mitschüler:
„Warum weint denn dein kleiner Bruder?"
„Heute gab es doch Herbstferien und er hat keine bekommen."
„Aber warum denn nicht?"
„Weil er ja noch gar nicht zur Schule geht!"

„Welche Form hat die Erde?", will der Lehrer wissen.
Nadine meldet sich: „Die Erde ist rund."
„Und woher weißt du das?"
„Nun ja, vielleicht ist sie auch quadratisch. Ich möchte mich mit Ihnen wirklich nicht über Kleinigkeiten streiten."

Was haben eine Wolke und ein Lehrer gemeinsam?
Wenn sie sich verziehen, wird es schön!

Der Kreis ist eine geometrische Figur, bei der an allen Ecken und Enden gespart wurde.

Wechselt der Lehrer zu Ostern die Socken,
wird das Frühjahr eher trocken.

Die Lehrerin fragt Fritzchen: „Was kannst du
mir über das Tote Meer erzählen?"
Fritzchen ruft erschrocken: „Ich habe ja nicht
einmal gewusst, dass es krank war!"

Lehrer Krummbein stellt eine Aufgabe:
„Wenn deine Mutter einen Pullover für 120 Euro und
ein Hemd für 150 Euro kaufen würde, was würde
das ergeben?"
Nina antwortet: „Einen Mordskrach mit Papa!"

„Emil, wenn ich dir sechs Kekse gebe, und du
sollst sie mit deiner Schwester teilen, wie viele
Kekse bekommt deine Schwester dann?"
„Zwei", antwortet Emil.
„Ja, aber kannst du denn nicht rechnen?",
fragt der Lehrer.
„Ich schon", meint Emil, „aber meine Schwes-
ter noch nicht."

Der Lehrer ermahnt Luise:
„Das Einmaleins muss wie aus der Pistole
geschossen kommen! Wie viel ist 2 mal 2?"
Luise: „Peng, peng, peng, peng!"

Lehrer: „Bei jedem Atemzug, den ich mache,
stirbt ein Mensch auf der Welt."
Schülerin: „Versuchen Sie es doch mal mit
Mundwasser!"

Der Mathelehrer erklärt: „Wenn ich dieses Papier in vier Teile zerreiße, dann habe ich Viertel. Wenn ich es in acht Teile zerreiße, habe ich Achtel. Was habe ich, wenn ich es in tausend Teile zerreiße?"
Die Klasse im Chor: „Konfetti!"

„Vier mal vier ist sechzehn, sechs mal sechs ist sechsunddreißig. Was ist aber dreizehn mal dreizehn?"
„Das habe ich gern, Herr Lehrer", empört sich Frederik, „die leichten Aufgaben lösen Sie selbst und die schweren überlassen Sie mir."

„Wer kennt ein Tier ohne Knochenbau?", fragt Herr Eimermann die Klasse.
Elsa weiß es: „Ein Wurm!"
„Sehr gut", lobt Herr Eimermann. „Und wer weiß noch ein Tier ohne Knochenbau?"
Diesmal meldet sich Ole: „Noch ein Wurm."

Im Biologieunterricht:
„Wie viele Ferkel kann ein Schwein werfen?"
Darauf Sven: „Wie weit oder wie hoch?"

Der Lehrer möchte wissen:
„Wie heißt die Mehrzahl von Sandkorn?"
„Wüste!", kommt es aus der Klasse.

Im Erdkundeunterricht lernen die Schüler, dass
Italien ungefähr tausend Kilometer von Deutsch-
land entfernt ist. Da empört sich Johanna:
„Na klar, und da behauptet der Mario, er würde aus
Italien kommen. Dabei kommt er doch jeden Tag
mit dem Fahrrad zur Schule."

Ingo will morgens einfach nicht aufstehen.
„Keine Diskussion, Ingo, du musst zur Schule!"
„Ich will aber nicht! Die Schüler mögen mich
nicht, die Lehrer finden mich doof und auch
der Hausmeister kann mich nicht leiden."
„Keine Ausreden mehr! Du bist der Direktor
und du gehst zur Schule!"

Lehrer: „Wo liegt Bayern?"
Schüler: „Auf Tabellenplatz 2!"

Die Lehrerin schreibt den Satz ‚Anna kauft
eine blaue Hose' an die Tafel und fragt:
„Wo ist das Subjekt?"
Nico: „Im Geschäft."

Unter den kleinsten Steppdecken
kann auch der größte Depp stecken!

Es ist streng verboten, den Affen an der Tafel
zu füttern!

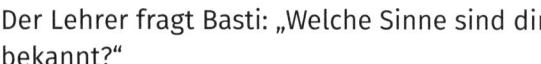

Der Lehrer fragt Basti: „Welche Sinne sind dir bekannt?"
Das weiß Basti sofort: „Schwachsinn, Blödsinn und Unsinn."

„Warum musstest du denn heute nachsitzen?", fragt der Vater.
„Weil ich mich geweigert habe, jemanden zu verpetzen."
„Aber das ist doch nur fair von dir", findet der Vater. „Worum ging es denn?"
„Der Lehrer wollte unbedingt wissen, wer Julius Cäsar umgebracht hat!"

Fragt die Rektorin: „Was stört euch mehr an den Schülern, Unwissenheit oder Gleichgültigkeit?"
Lehrer-Antwort: „Weiß ich nicht, ist mir aber auch egal."

„Warum schreibst du denn so schnell, Mirko?"
Mirko antwortet: „Weil meine Tinte gleich leer ist."

Nach dem Unterricht geht Leon zu seinem Lehrer und sagt: „Meine Eltern haben mir 50 Euro versprochen, wenn ich ein gutes Zeugnis nach Hause bringe. Hier meine Idee: Sie schreiben gute Noten auf und wir teilen die Kohle."

Der kleine Karl steht weinend auf dem
Schulhof.
„Was hast du denn?", fragt die Lehrerin.
„Der Anton hat mein Pausenbrot runtergeworfen!", jammert Karl.
„Mit Absicht?"
„Nein, mit Käse."

Die Mutter fragt: „Wo ist denn dein Zeugnis,
Marlene?"
Das Mädchen antwortet: „Das habe ich Lisa mitgegeben. Sie will damit ihre Eltern erschrecken!"

„Nun beweise mir mal, warum die Erde rund
ist und sich um sich selbst dreht", fordert der
Lehrer Basti auf.
„Entschuldigen Sie, aber das habe ich nun
wirklich nie behauptet!"

Felix kommt aus der Schule und überreicht den
Eltern sein Zeugnis mit den Worten:
„Hier ist mein Zeugnis und Fernsehen gucken
macht mir eh keinen Spaß mehr."

„Sag mal, Leni, hattest du die Masern auch so
schlimm wie dein Bruder?"
„Noch viel schlimmer", jammert Leni. „Ich
hatte sie in den Ferien!"

Der Direktor liest die Bemerkungen im Klassenbuch. „Sag mal, Jonas, wie schaffst du es eigentlich, an einem einzigen Tag so viel Unsinn zu machen?" Darauf Jonas: „Ich stehe ganz früh auf, Herr Direktor."

 Theo ist neu in der Klasse. „Wie heißt du mit Nachnamen?", fragt der Lehrer.
„Beyer ohne F."
„Aber in Beyer kommt doch gar kein F vor!"
„Das habe ich doch gerade gesagt."

 Die Klasse 4c soll einen Aufsatz zum Thema „Mein Haustier" schreiben. Kurz darauf beschwert sich die Lehrerin: „Frieda, dein Aufsatz ist ja exakt der gleiche wie der von deiner Schwester!"
„Kein Wunder", sagt Frieda. „Ist ja auch der gleiche Hase!"

Im Biologieunterricht erklärt die Lehrerin, dass sich viele Tiere ihrer Umwelt anpassen.
„Wer kann mir ein Beispiel nennen?"
Ronja meldet sich: „Das Huhn! Es legt die Eier sofort in der Größe der Eierbecher."

„Greta, du hast dieselben elf Fehler im Diktat wie dein Tischnachbar. Kannst du mir das erklären?", schimpft Lehrer Hausmann.
„Ganz einfach", antwortet Greta, „wir haben denselben Lehrer!"

„Ich schwimme, du schwimmst, er schwimmt, wir schwimmen – was ist das für eine Zeit?", fragt der Lehrer. Lisa meldet sich: „Schwimmunterricht."

Fritzchen schreibt eine Postkarte von der Klassenfahrt: „Hier ist es so kalt, dass ich beim Zähneputzen nur die Bürste halten muss. Den Rest machen die Zähne ganz allein."

Das Hirn ist keine Seife, es wird nicht weniger, wenn man es benutzt.

Rosa und Linus treffen sich an der Bushaltestelle.
„Mit welchem Bus fährst du?", fragt Linus.
„Mit der Linie 3. Und du?"
„Mit der Linie 6."
In diesem Moment fährt ein Bus mit der Nummer 63 vor.
„Super", freut sich Rosa, „dann können wir ja zusammen fahren!"

Finn fährt mit dem Bus zur Schule.
„Willst du denn nicht für mich aufstehen?",
fragt eine alte Dame.
„Nein danke, den Trick kenne ich. Wenn ich
aufstehe, setzen Sie sich hin und mein Platz
ist weg!"

„Wenn dein Vater wüsste, wie faul du in der Schule
bist, würde er bestimmt graue Haare bekommen",
sagt der Lehrer zu Stefan.
„Da würde sich mein Vater aber freuen. Er hat
nämlich eine Glatze."

 Paul hat im Diktat das Wort „Löwe" klein-
geschrieben.
„Ich habe dir schon so oft gesagt, dass man
alles großschreibt, was man anfassen kann",
tadelt die Lehrerin.
„Glauben Sie etwa, dass ich einen Löwen
anfasse?"

„Wie heißt die Befehlsform von schweigen?"
„Pssst!"

Die Lehrerin ärgert sich: „Wie konntest du
Fisch nur mit V schreiben, Paul?"
Darauf Paul: „Mit dem Füller."

Auf dem Schulhof fragt Marc seinen Freund entrüstet:
„Wie konntest du nur allen erzählen, dass ich ein
Trottel bin?"
„Oh entschuldige, mir war nicht klar, dass das ein
Geheimnis ist …"

In der Klasse tritt die Lehrerin Lasse, einem
Bauernsohn, auf den Fuß. Sie entschuldigt sich
sofort bei dem Schüler. Darauf dieser: „Ach, das
macht doch nichts! Das kenne ich. Mir ist schon so
manche Kuh auf den Fuß getrampelt."

Benni freut sich: „Mein Sportlehrer hat gesagt, ich
könnte ein toller Fußballspieler sein. Mir stehen
nur zwei Dinge im Weg."
„Und welche?", fragt Alex.
„Meine Füße."

Der Zahnarzt kommt heute in die Schule.
Völlig entsetzt schaut er in Linas Mund und
sagt: „Herrje! In meinem ganzen Leben habe
ich noch nie so ein großes Loch gesehen … Loch
gesehen …"
„Schon gut", knurrt Lina. „Das brauchen Sie
nicht gleich zweimal zu sagen."
„Zweimal?", fragt der Zahnarzt erstaunt. „Das
war das Echo!"

„Jetzt werde ich dir mal erzählen, was für ein guter Schüler ich damals war", sagt der Vater zu seinem Sohn. Der ruft laut nach seiner Schwester: „Anni, komm schnell, der Papa erzählt jetzt ein Märchen!"

„Wieso fliegen viele Vögel im Winter in den Süden?", fragt der Lehrer.
„Weil sie die weite Strecke nicht laufen wollen!", antwortet Trudi.

Lotti kommt mit einer schmutzigen Hose aus der Schule. „Wie siehst du denn aus?", ruft die Mutter erschrocken.
„Ich bin in eine Pfütze gefallen", klagt Lotti.
„Mit der neuen Hose?"
„Ja", meint Lotti. „Ich hatte keine Zeit, sie vorher noch auszuziehen."

Der Lehrer schimpft: „Nadine, du hast ja deine Hausaufgaben nicht gemacht! Luisa, wie sieht es mit dir aus?"
Luisa: „Also, wir machen unsere Hausaufgaben immer zusammen ..."

Der Lehrer mahnt: „Kinder, kommt weg vom offenen Fenster. Wenn einer rausfällt, will es nachher wieder keiner gewesen sein."

Die Schulsekretärin beklagt sich beim Direktor: „Wir haben keinen Platz mehr in den Büros. Sollen wir nicht die uralten Zeugnisse und Akten vernichten?"
Darauf der Direktor: „Gute Idee, aber machen Sie vorher von allem eine Kopie."

Der Lehrer fragt: „Wer kann mir den Begriff ‚Nichts' erklären?"
Der kleine Hans weiß es: „Nichts ist ein Luftballon ohne Hülle."

„Na, Paula, wie gefällt es dir in der Schule?"
„Ach, eigentlich ganz gut. Aber es ist irgendwie schade, dass unser Lehrer so wenig weiß. Andauernd stellt er Fragen."

Auf der Klassenfahrt freut sich der dumme August über den Spiegel in seinem Zimmer. Er schickt ihn an seine Eltern mit den Worten:
„Die Herbergsmutter ist echt nett! Sie hat sogar ein Bild von mir aufgehängt!"
Sein Vater liest den Brief, packt den Spiegel aus, schaut hinein und stellt fest: „Oje, sieht unser Sohn aber alt aus."
Die Mutter schaut ihm über die Schulter: „Klar, wenn diese fürchterliche Herbergsmutter die ganze Zeit in seiner Nähe ist!"

Elias ist neu in der Klasse und fragt seinen Sitznachbarn: „Wann macht ihr immer Pause?" Der antwortet leise: „Nie. Wir schlafen durch!"

Lehrer: „Jacob, komm mal nach vorne und zeig uns auf der Landkarte, wo Amerika liegt!"
Jacob zeigt genau die richtige Stelle.
Der Lehrer ist zufrieden: „Sehr gut, Jacob! Und wer hat Amerika entdeckt?"
Da ruft die Klasse im Chor: „Das war Jacob!"

„Hast du schon mal etwas von Rechtschreibung gehört?", will die Lehrerin nach dem Diktat von Johannes wissen.
„Nein, ich bin doch Linkshänder."

Der Lehrer hat eine Idee: „Ich stelle euch jeden Morgen eine Frage. Wer diese Frage korrekt beantworten kann, hat den Rest des Tages frei. Also los: Wie viel Liter Wasser führt der Bodensee?"
Keiner weiß es. Am nächsten Morgen stellt der Lehrer wieder eine Frage: „Wie viele Sandkörner gibt es in der Sahara?"
Wieder kennt niemand die Antwort.
Am nächsten Morgen findet der Lehrer ein Eurostück auf dem Pult und fragt: „Wem gehört dieser Euro?"
Fritzchen schreit: „Mir! Dann tschüss und bis morgen!"

Die Schule brennt lichterloh. Der Direktor schreit entsetzt: „Seid ihr völlig verrückt? Ihr könnt doch kein Papier in die Flammen werfen!" „Keine Sorge, Herr Direktor!", rufen die Kinder. „Das ist doch Löschpapier!"

Im Chemieunterricht:
„Was ist flüssiger als Wasser?"
Caro weiß es: „Hausaufgaben! Die sind überflüssig!"

Wir sind Schüler von heute, die in Schulen von gestern von Lehrern von vorgestern mit Methoden aus dem Mittelalter auf die Probleme von morgen vorbereitet werden!

„Sag mal, Papa, kannst du deinen eigenen Namen ganz schnell schreiben?"
„Aber sicher, mein Sohn."
„Und kannst du das auch mit geschlossenen Augen?"
„Na klar."
„Okay, dann mach jetzt mal fest die Augen zu und unterschreib ganz schnell mein Zeugnis."

Der Lehrer zum kleinen Max:
„Ich habe gehört, du hast ein Brüderchen bekommen. Wie heißt er denn?"
„Das wissen wir nicht, Herr Lehrer, er spricht noch so undeutlich."

Die Klasse soll einen Aufsatz zum Thema Faulheit schreiben. Der kleine Patrick gibt nur ein leeres Blatt Papier ab.
„Patrick, du hast ja gar nichts geschrieben!", sagt die Lehrerin.
„Oh doch", sagt Patrick, „drehen Sie das Blatt mal um." Die Lehrerin schaut nach und liest: „Das ist Faulheit."

Dem Schulstress kannst du nur entgehen, vermeidest du es aufzustehen.

Am Freitagmorgen schimpft der Lehrer: „Lotte, das ist jetzt das fünfte Mal diese Woche, dass du zu spät in den Unterricht kommst! Was hast du dazu zu sagen?"
„Es wird diese Woche bestimmt nicht mehr vorkommen, Herr Lehrer."

Mitten im Unterricht: „Wenn die Clowns in der dritten Reihe bitte so leise wären wie die Comicleser in der zweiten Reihe, dann könnten die Schüler in der ersten Reihe ungestört weiterschlafen!"

„Was ist wichtiger für uns, die Sonne oder der Mond?", will die Lehrerin wissen.
Niklas weiß es: „Natürlich der Mond! Denn der leuchtet in der Nacht, wenn es dunkel ist. Am Tag ist es ja sowieso hell."

Der Lehrer schreibt 2 : 2 an die Tafel und fragt:
„Was macht das?"
Darauf die Klasse im Chor: „Unentschieden!"

Die Lehrerin fragt Mia: „Sag mal, was ist denn
mit deiner Mutter passiert?"
„Sie ist gestern plötzlich ohnmächtig geworden! Wir sind mit dem Rettungswagen ins
Krankenhaus gefahren!"
„Oje, das tut mir aber leid", sagt die Lehrerin.
„Na ja, sie ist aber auch selber schuld", knurrt
Mia. „Wieso musste sie auch in meinem Tagebuch lesen?"

Gespräch zwischen zwei Schülern auf dem Schulhof.
„Musst du auch immer vor dem Essen beten?", fragt
der eine.
„Nein", sagt der andere. „Meine Mutter kocht ganz
gut."

 Leon freut sich: „Mama, morgen haben wir
keine Schule. Unser Lehrer verreist!"
„Ach, ehrlich, wohin verreist er denn?"
„Keine Ahnung. Er hat nur gesagt: Schluss für
heute! Morgen fahre ich fort!"

Lehrer: „Fritz, ich hoffe, dass ich dich nicht noch
mal beim Abschreiben erwische!"
Fritz: „Das hoffe ich auch ..."

Lehrer: „Wie nennt man Lebewesen, die teils im Wasser und teils auf dem Lande leben?"
Schüler: „Badegäste!"

Michael stürmt 10 Minuten zu spät in den Klassenraum:
„Ich bin von Räubern überfallen worden!"
„Und was hat man dir geraubt?"
„Gott sei Dank nur die Hausaufgaben!"

„Was ist Wind?", fragt die Lehrerin.
„Das ist Luft, die es eilig hat."

Die Lehrerin fragt den kleinen Mats:
„Was möchtest du denn später werden, wenn du groß bist?" Darauf Mats: „Erst werde ich Arzt, das will Mama. Dann werde ich Pilot, das will Papa. Dann werde ich Pfarrer, weil das die Oma will. Und dann werde ich Indianer, weil ich das will!"

Der kleine Marvin fragt den Direktor:
„Wachsen Sie eigentlich immer noch?"
„Wie kommst du denn darauf?", fragt der Direktor.
„Ihr Kopf guckt ja schon aus den Haaren raus!"

„Jonas, was ist die Zukunftsform von ‚Ich stehle'?"
Darauf Jonas: „Ich sitze im Gefängnis."

Fragt der Lehrer: „Wie viele Einwohner hat Deutschland?"
Der Schüler stammelt: „Ja … ähm … also …"
Der Lehrer ungeduldig: „Nun beeil dich etwas. Je länger du wartest, umso mehr werden es!"

Das Aufsatzthema lautet: Unser Hund.
Die kleine Nele überlegt kurz und schreibt:
„Wir haben keinen."

Diktat in der 4b.
„Kann ich mal deinen Füller haben?", flüstert Jens seinem Nachbarn zu.
„Warum? Du hast doch selber einen."
Darauf Jens: „Ja schon, aber meiner macht so viele Fehler!"

Im Deutschunterricht:
„Sam, nenne mir bitte zwei Pronomen."
Sam schreckt hoch: „Wer? Ich?"
„Richtig, sehr gut!"

„Man nennt mich Lehrer, weil ich euch so vieles lehre!"
Darauf antwortet die kleine Lina:
„Ach so, dann ist mein Vater also ein Schuft, weil er so viel schuftet!"

„Wer von euch hat ein Haustier mit beson-
deren Eigenschaften?", möchte die Lehrerin
wissen.
Björn meldet sich: „Ich habe eine Schildkröte,
die wie ein Hund gehorcht."
„Das ist ja toll!", freut sich die Lehrerin.
„Na, so toll auch wieder nicht!", meint Björn.
„Wenn ich ihr befehle, meine Pantoffeln zu
holen, dann dauert das zwei Stunden!"

Fragt der Lehrer: „Wie viel muss deine Familie
bezahlen, wenn sie dem Metzger 20 Euro, dem Bäcker 15 Euro und dem Lebensmittelmarkt 50 Euro
schuldet?"
„Das weiß ich nun wirklich nicht", antwortet der
Schüler. „Wir ziehen dann nämlich immer um!"

Fritzchen kommt zur Schule und sagt:
„Ich habe ein weißes Pferd gesehen."
„Das ist ein Schimmel, Fritzchen", belehrt ihn
die Lehrerin. Am nächsten Tag sagt Fritzchen:
„Frau Lehrerin, ich habe ein schwarzes Pferd
gesehen."
Darauf die Lehrerin: „Das ist ein Rappe,
Fritzchen."
Am nächsten Tag ruft Fritzchen aufgeregt:
„Heute habe ich eine Kuh gesehen, die war
vorne rappelig und hinten schimmelig!"

In der Turnhalle ruft der ungeduldige Sportlehrer:
„Sascha, hast du endlich deine Turnschuhe an?"
„Ja", ruft Sascha zurück, „alle, bis auf einen!"

Lehrer: „Wie viele Erdteile gibt es?"
Schüler: „Sechs!"
Lehrer: „Geht das auch etwas genauer?"
Schüler: „Eins, zwei, drei, vier, fünf und sechs!"

Während der Klassenarbeit schimpft der Lehrer:
„Sarah, jetzt reicht es aber! Du sollst nicht bei deinem Nachbarn abschreiben!"
„Was heißt denn hier abschreiben?", sagt Sarah erstaunt. „Ich gucke doch nur, ob er alles richtig hat!"

Lehrer: „Wer kann mir fünf Tiere aus Afrika nennen?"
Schüler: „Eine Antilope und vier Löwen."

Die Lehrerin fragt:
„Lotte, wie alt ist deine Oma?"
„Das weiß ich nicht genau", antwortet Lotte, „aber wir haben sie schon sehr lange."

Zwei Buntstifte spazieren durch den Wald. Kommt ein dritter dazu. Sagt der eine zum anderen: „Ich gehe jetzt. Mir wird es hier zu bunt."

 Der Lehrer fragt Fritzchen: „Du, Fritzchen, wer von euch hat gestern von meinem Apfelbaum Äpfel geklaut?"

Fritzchen: „Herr Lehrer, ich kann hier hinten in der letzten Bank nichts verstehen."

„Das wollen wir doch einmal sehen", sagt der Lehrer. „Komm sofort nach vorn und setz dich auf meinen Platz. Und dann stellst du mir eine Frage."

Sie tauschen die Plätze. Da fragt Fritzchen: „Herr Lehrer, wer hat gestern am Supermarkt ein Auto gerammt und ist dann einfach weitergefahren?"

Antwortet der Lehrer: „Fritzchen, du hast recht. Hier hinten versteht man wirklich nichts."

Der Religionslehrer erklärt den Schülern die Schöpfungsgeschichte und endet mit den Worten: „Also waren Adam und Eva die ersten Menschen und wir alle stammen von ihnen ab."

Meldet sich Mara: „Meine Mutter sagt, wir stammen von den Affen ab!"

 Daraufhin sagt der Lehrer: „Wir reden hier auch nicht von deiner Familie ..."

LUSTIGES FÜR SPORTFANS

Was hat keine Füße und läuft trotzdem?
Die Nase.

„Furchtbar, wie die Kinder nach dem Trainings-
lager immer aussehen", beschwert sich eine
Mutter. „Letztes Jahr musste ich die halbe
Mannschaft waschen, bis ich meinen Sohn
gefunden habe."

„Ihr Sohn ist der Schwächste in der Mannschaft", sagt
der Trainer zu Herrn Eiermann.
„Das ist aber sonderbar!", wundert sich der Vater.
„Letztes Mal haben Sie doch gesagt, dass er alle
Kinder verhaut!"

Nach dem schlechten Fußballspiel pfeifen alle
den erfolglosen Stürmer aus. Nur ein einziger
Junge bahnt sich einen Weg zu dem Spieler und
bittet um dessen Trikot.
„Oh, du bist also ein Fan?", fragt der Spieler
geschmeichelt.
„Nein, nein", meint der Junge, „aber Ihr Trikot
ist das einzige, das nicht verschwitzt ist."

Der Jockey erklärt seiner Frau:
„Mein Arzt hat mir das Reiten verboten!"
„Hat er dich untersucht?"
„Nein, aber er hat mich letzte Woche auf dem Reit-
platz gesehen."

Die kleine Marie kommt zu spät in die Schule
und entschuldigt sich sofort:
„Sorry, aber ich habe diese Nacht geträumt,
dass ich für die Fußballnationalmannschaft
gespielt habe."
„Das ist aber trotzdem kein Grund, zu spät
zur Schule zu kommen", schimpft die Lehrerin. „Wir träumen ja schließlich alle nachts!"
„Das stimmt. Aber bei mir gab es Verlängerung!"

Auf der Pferderennbahn fragt Frau Apfelbaum den
Jockey: „Beißt Ihr Pferd?"
„Nein", antwortet der Jockey. Frau Apfelbaum strei-
chelt das Pferd und es schnappt nach ihr.
„Sie haben doch gesagt, Ihr Pferd beißt nicht!", ruft
sie böse.

Der Jockey zuckt mit den Schultern: „Das hier ist ja
auch gar nicht mein Pferd."

Der Hockeytrainer nimmt die Glückwünsche
seiner Mannschaft entgegen.
„Das Einzige, was ich mir von euch wünsche,
ist, dass wir nächsten Sonntag das Spiel
gewinnen."
„Zu spät", ruft der Kapitän. „Wir haben dir
nämlich schon eine Krawatte gekauft!"

Sven ist heute mit seiner kleinen Schwester im Stadion. Kurz vor dem Anpfiff fragt er:
„Sitzt du auch gut?"
„Ja, Sven."
„Kannst du auch wirklich gut das Spielfeld sehen?"
„Ja, Sven."
„Und vor dir sitzt auch kein großer Mann, der dir die Sicht versperren könnte?"
„Nein, Sven."
„Prima, dann lass uns jetzt die Plätze tauschen."

Wann wurde die deutsche Fußballnational-mannschaft das erste Mal erwähnt?
Im Alten Testament: Sie trugen seltsame Gewänder und irrten planlos umher.

Nach dem Tauziehen: „Warum ziehst du denn dieses dicke Tau hinter dir her?"
„Schieben geht nicht – das habe ich gerade schon ausprobiert!"

„Wie ist denn deine erste Reitstunde verlaufen?"
„Im Sande."

Ein Mann kommt in die Buchhandlung und fragt: „Haben Sie das Buch *Tennis-Profi über Nacht*?"
Darauf die Buchhändlerin: „Zweiter Stock, rechts, bei den Märchenbüchern."

Der Trainer trennt zwei streitende Kinder und ermahnt sie:
„Hört auf zu streiten! Man muss im Leben lernen, zu geben und zu nehmen!"
„Habe ich ja gemacht!", ruft Leon. „Ich habe ihm eine Kopfnuss gegeben und die Wasserflasche genommen!"

Während ihrer ersten Reitstunde reitet die kleine Lotte aus Versehen fast einen Fußgänger um.
„He!", ruft dieser wütend. „Kannst du denn nicht besser aufpassen?"
„Aufpassen schon", antwortet Lotte, „aber reiten nicht!"

Der Präsident schimpft nach der schlechten Saison mit dem Trainer: „Hören Sie mal, Sie haben mir versprochen, dass die Mannschaft nach dem Sommer auf Tabellenplatz 1 steht!"
Darauf der Trainer: „Jetzt mal ganz ehrlich – soll das etwa ein Sommer gewesen sein?"

Der Schiedsrichter pfeift und winkt einen Spieler zu sich.
„Geben Sie zu, dass Sie Ihren Gegner brutal gefoult haben?"
„Ja, das gebe ich zu", sagt der Spieler. „Aber ich möchte darauf hinweisen, dass er diese krummen Beine schon vorher hatte!"

Der Trainer seufzt. Sein bester Fußballer hat einen Schnupfen und kann nicht trainieren. „Kein Wunder", sagt dieser. „Ich stehe ja auch immer im Sturm."

Der Jockey beendet das Rennen als erster.
Der Manager schimpft: „Sie hätten doch noch viel schneller im Ziel sein können!"
Antwortet der Jockey: „Klar hätte ich das, aber ich musste doch beim Pferd bleiben!"

 Der Vereinspräsident zum neuen Spieler: „Weil du jetzt in der Nationalmannschaft spielst, erhöhen wir dein Gehalt um ein Drittel."
„Das ist mir aber viel zu wenig", empört sich der Spieler. „Ich will mindestens ein Viertel!"

Der Fußballtrainer in der Halbzeitpause zum Reporter: „Können Sie nicht etwas langsamer reden? Meine Jungs können gar nicht so schnell rennen, wie Sie sprechen!"

 Die Dame an der Stadionkasse fragt einen Mann, der schon zum vierten Mal eine Karte kauft: „Wollen Sie denn wirklich noch eine Karte? Sie haben doch schon drei!"
„Stimmt", sagt der Mann, „aber der fiese Kerl am Eingang zerreißt sie mir immer wieder."

„Du, Papi, ich habe zwei Fragen. Erstens: Darf ich heute nach der Schule auf den Bolzplatz? Und zweitens: Warum nicht?"

Ein Ehepaar unterhält sich am Frühstückstisch: „Was sagst du zu meiner gestrigen Leistung beim Hürdenlauf?"
„Willst du etwa schon beim Frühstück Streit anfangen?"

Der Reitschüler reitet im Galopp auf ein Hindernis zu. Das Pferd bleibt kurz vorher stehen und der Schüler fliegt im hohen Bogen über das Hindernis.
„Super", ruft der Reitlehrer, „aber versuche doch beim nächsten Mal, das Pferd mitzunehmen!"

Nach dem Wettkampf fragt ein Reporter den Nationaltrainer: „Sind Sie abergläubisch?"
„Toi, toi, toi, bis jetzt noch nicht."
„Also glauben Sie auch nicht an Horoskope?"
„Nein, dazu sind wir Skorpione viel zu misstrauisch."

Was bekommt der Tabellenletzte zu Weihnachten?
Ein Fahrrad, um das Absteigen schon mal zu üben!

Kurz vor dem Gipfel rutscht der Bergsteiger plötzlich aus und kann sich gerade noch an einem Felsvorsprung festhalten. Als seine Kräfte nachlassen, blickt er verzweifelt in den Himmel und fragt: „Ist da jemand?"
„Ja", tönt es darauf.
„Was soll ich tun?"
„Sprich ein Gebet und lass los."
Der Bergsteiger nach kurzem Überlegen:
„Ist da sonst noch jemand?"

Kurz vor Beginn des Reitturniers:
„Entschuldigung, darf ich Sie darauf aufmerksam machen, dass Sie falsch herum auf Ihrem Pferd sitzen?", fragt der Stallbursche vorsichtig.
„Nein, das darfst du nicht, du Lümmel", antwortet der Reiter verärgert. „Du weißt ja gar nicht, in welche Richtung ich reiten will!"

Was macht ein Fußballer, wenn seine Augen schlechter werden?
Er arbeitet als Schiedsrichter.

Auf der Tribüne: „Heiße Würstchen, heiße Würstchen!"
Ein Fan brüllt: „Mir doch egal, wie du heißt, bring mir lieber mal ein Bier!"

Der Boxer geht in der fünften Runde zu Boden und jammert: „Hoffentlich habe ich keine Gehirnerschütterung."
„Keine Panik", grinst sein Gegner. „Wo nichts ist, kann auch nichts erschüttern."

Neulich beim Sportarzt: „Herr Doktor, diese Schlaflosigkeit bringt mich noch um den Verstand. Letzte Nacht bin ich zwölf Mal aufgewacht und konnte kein einziges Mal wieder einschlafen!"

„Wie war es denn beim Springturnier?", möchte Susis Mutter wissen.
„Nicht so gut", antwortet Susi, „mein Pferd war einfach zu höflich."
„Wieso das denn?"
„Es hat mich bei jedem Hindernis vorgelassen!"

Pia möchte sich neue Ballettschuhe kaufen. Im Sportgeschäft lässt sie sich verschiedene Modelle zeigen. Schließlich kommt der Verkäufer mit einem besonders hübschen Paar an und sagt: „Nimm doch dieses Paar. Mit denen haben wirklich viele Kunden gute Erfahrungen gemacht."
„Hm, ich weiß nicht", antwortet Pia. „Ich wollte eigentlich keine gebrauchten Schuhe."

Mit welchem Ball kann man nicht Fußball
spielen?
Mit dem Erdball.

Auf dem Schulhof prahlt Dennis vor seinen Freunden:
„Na, Jungs, was würdet ihr machen, wenn ihr den
Speer so weit werfen könntet wie ich?"
Darauf Lukas: „Ich würde wohl in den Malkurs
wechseln."

 Der Profi-Sportler klagt beim Arzt:
„Herr Doktor, mir geht es hundsmiserabel,
wirklich sauschlecht, so ein richtiger
Katzenjammer."
„Tja, also dann sollten Sie besser zu einem
Tierarzt gehen."

„Der Weg von der Kabine zum Ring ist aber weit",
beschwert sich der Boxer.
„Halb so wild", tröstet ihn sein Trainer, „zurück wirst
du ja sowieso getragen."

Der Fußballer wurde gefoult und wälzt sich mit
schmerzverzerrtem Gesicht auf dem Spielfeld
hin und her. Da meint der Trainer ganz trocken: „Bei dem Typen weiß man nie, ob man den
Arzt oder den Theaterkritiker holen soll."

Warum macht der Basketball-Profi immer dieselben Fehler?
Weil der Trainer eine konstante Leistung erwartet.

Nach einem anstrengenden Trainingswochenende humpelt der Profi-Reiter zu seinem Arzt.
„Geht es Ihnen denn immer noch nicht besser?"
„Leider nicht", antwortet der Reiter betrübt.
„Haben Sie denn auch meinen Rat befolgt und nach dem heißen Bad noch ein Glas Lindenblütentee getrunken?"
„Entschuldigung, Herr Doktor, ich hatte es mir wirklich fest vorgenommen, aber ich habe doch nur die halbe Wanne geschafft – danach konnte ich beim besten Willen keinen Tee mehr trinken."

Zwei Fans unterhalten sich im Stadion.
„Meine Frau lässt sich scheiden, wenn ich weiterhin jeden Sonntag zum Fußball gehe."
„Oje, das ist schlimm."
„Allerdings, sie wird mir fehlen."

Fragt der Opa den Enkel: „Na, Thilo, willst du denn immer noch Basketball-Profi werden?"
Darauf Thilo: „Seit ich weiß, dass die nach jedem Spiel duschen müssen, nicht mehr."

Unterhalten sich zwei Reiter:
„Ich habe gestern auf dem Turnier den ersten Preis gewonnen", sagt der eine.
„Ach wirklich?", fragt der andere. „Ich habe gehört, es sei der vierte Preis gewesen."
„Stimmt, aber ich habe vorher noch nie einen Preis bekommen. Darum war es für mich der erste ..."

„Und wie war ich heute?", fragt der Profi-sportler seinen Trainer nach dem Wettkampf.
„Beim letzten Wettkampf hast du eine bessere Leistung gezeigt", antwortet der Trainer.
„Aber da habe ich doch gar nicht teilgenommen!"
„Eben."

Der Patient fragt den Arzt: „Werde ich nach der Operation Tennis spielen können?"
„Ja, aber sicher."
„Super, das konnte ich bisher nämlich nicht!"

„Dieses Jahr werde ich in der Saisonpause nichts machen. Die erste Woche werde ich nur im Schaukelstuhl sitzen", schwärmt der faule Skifahrer.
„Und in der zweiten Woche?", fragt sein Freund.
„Da werde ich vielleicht ein wenig schaukeln."

Georg, der Gewichtheber, ist enttäuscht.
„Ich habe die 100 kg schon wieder nicht heben können!", berichtet er.
„Ach, Georg, du sollst doch nicht immer alles so
schwernehmen!"

> Der erfolglose Fußballspieler kommt pfeifend
> ins Stadion, haut der Frau des Trainers auf den
> Hintern, tritt dem Schiedsrichter vors Schien-
> bein und zeigt den Fans auf der Tribüne seinen
> nackten Hintern.
> „Hör auf", zischt ein anderer Spieler. „Wir haben
> dich verkohlt, du hast gar nicht im Lotto
> gewonnen!"

Der Mann der weltbesten Springreiterin
beschwert sich: „Immer denkst du nur an deine
Pferde! Du weißt bestimmt gar nicht mehr, wann du
mich geheiratet hast!"
„Oh doch", antwortet seine Frau lächelnd.
„Das war der Tag, als ich auf Firenze das
Turnier gewonnen habe."

> Nach dem Ausdauertraining steht Emil mit
> aufgespanntem Regenschirm unter der
> Dusche.
> „Spinnst du, Emil?", fragen die Mannschafts-
> kameraden.
> „Ich habe mein Handtuch vergessen ..."

Ein Sportangler geht zum Eisfischen. Als er ein Loch in die Eisfläche schlagen will, ertönt eine Stimme und sagt: „Hier nicht!"
Der Mann geht weiter, will erneut ein Loch ins Eis klopfen, da ertönt wieder die Stimme: „Hier nicht!"
Als beim dritten Versuch die Stimme wieder ertönt, ruft der Mann laut: „Lieber Gott, bist du es?"
Darauf die Stimme: „Nein, ich bin der Stadionsprecher der Eissporthalle!"

 Eine kleine Spinne betrachtet voller Bewunderung das Netz eines Fußballtores:
„Klasse, da hat jemand wirklich ganze Arbeit geleistet!"

Es regnet in Strömen und der Fußballplatz steht förmlich unter Wasser. Trotzdem soll gespielt werden. Sagt der Kapitän zur gegnerischen Mannschaft: „Ihr habt Anstoß, wir spielen dann mit der Strömung!"

 Auf der Skipiste stoßen zwei schnelle Skifahrer zusammen und verheddern sich.
„Hilfe! Hilfe!", ruft der eine. „Ich habe kein Gefühl mehr im Bein!"
„Kein Wunder", schreit der andere, „du kneifst ja auch die ganze Zeit in meins!"

Der Sohn schreibt eine Postkarte aus der Skifreizeit: „Lieber Papa, Skifahren macht mir viel Spaß. Leider war heute kein guter Tag. Habe ein Bein gebrochen. Gott sei Dank nicht mein eigenes!"

Der Profi-Reiter möchte sich ein neues Pferd kaufen. Er fragt den Züchter:
„Ist dieses Pferd denn auch wirklich treu?"
„Aber ja", antwortet der Züchter, „drei Mal habe ich es schon verkauft und es ist immer wieder zu mir zurückgekommen."

Der kleine Tom kommt vom Fußballtraining und wird von seinem Vater gefragt:
„Na, Tom, wie war das Spiel?"
„Super, ich habe zwei tolle Tore geschossen!"
„Und wie ging das Spiel aus?"
„1 : 1."

Eine Fußballerin heiratet heute. Vor dem Rathaus sieht der Standesbeamte einen besonders elegant gekleideten Herrn und fragt: „Sie sind sicher der Bräutigam?"
Darauf sagt der Herr mit einem schiefen Lächeln: „Leider nein, ich bin bereits im Halbfinale ausgeschieden."

Im Fußballstadion sitzt der kleine Leon auf den Schultern seines Vaters und schreit: „Foul, Elfmeter, blöder Schiedsrichter."
Voller Bewunderung staunt der Nebenmann: „Alle Achtung, der Kleine versteht aber wirklich was vom Fußball."
 Kurz darauf nimmt der Vater den Kleinen von seiner Schulter und beginnt, lautstark zu schimpfen. Voller Empörung schreit der Nebenmann: „Aber was soll denn das? Sie dürfen den Kleinen doch nicht anschreien!"
Darauf der Vater: „Wenn es um Fußball geht, weiß er super Bescheid, aber ‚Ich muss Pipi' kommt einfach nicht über seine Lippen."

Warum spielen die Fußballer aus Deppendorf immer nur eine Halbzeit lang?
Weil sie nicht wissen, wie sie den Fußballplatz umdrehen sollen.

„Welches ist der brutalste Sport der Welt?", fragt ein Schaf das andere.
„Fußball. Da wird geköpft und geschossen."

Zwei Jogger unterhalten sich über ihre Hunde.
Meint der eine: „Meiner hat eine wirklich
gute Nase, der riecht mich auf 1000 Meter
Entfernung."
Darauf der andere: „Wie oft soll ich dir noch
sagen, dass du öfter duschen solltest."

Der Stürmer der Nationalmannschaft humpelt vom
Fußballplatz. Der Trainer fragt besorgt:
„Bist du schlimm verletzt, Rudi?"
„Nein", antwortet Rudi matt, „nur ein eingeschlafe-
nes Bein!"

Lukas fragt seinen Freund: „Treibst du
eigentlich Sport?"
„Na klar", antwortet dieser, „ich spiele Tennis,
Federball, gehe zum Boxen, bin im Ballett und
mache Leichtathletik."
„Mensch, das ist aber viel! Und wann machst
du das alles?"
„Morgen fange ich damit an."

Leon kommt von der Reitstunde nach Hause.
Sein Arm steckt in einem Gips.
„Was hast du denn gemacht?", fragt seine Mutter.
„Ich bin vom Pferd gefallen."
„Hoch?"
„Nein, runter!"

Marco und sein Freund Basti gehen angeln. Stundenlang stehen sie am Ufer und Marco schlafen allmählich die Zehen ein. Er tritt von einem Fuß auf den anderen. Da wirft ihm Basti einen bösen Blick zu und zischt: „Angeln oder steppen wir?"

Nach der Niederlage schimpft der Trainer mit seinem Stürmer: „Wann bekomme ich denn endlich mal wieder etwas Vernünftiges von dir zu sehen?" Sagt der Stürmer: „Heute Abend im Werbefernsehen – da stelle ich das neue Duschgel vor!"

Nach dem Fußballspiel möchte ein Fan wissen: „Sag mal, versteht euer Trainer eigentlich wirklich etwas vom Fußball?"
„Na klar! Vor dem Spiel erklärt er uns, wie wir gewinnen können, und nach dem Spiel analysiert er, warum wir verloren haben!"

Tom prahlt in der Schule: „Mein Opa ist achtzig Jahre alt und joggt jeden Morgen vier Kilometer." „Prima, und was macht er nachmittags?" „Da macht er sich auf den Heimweg."

Der Startschuss ertönt. Alle Motorräder rasen los, nur eine Maschine bleibt am Start stehen. Der Rennleiter fragt irritiert:
„Aber warum bleiben Sie denn stehen?"
„Sie haben mir den Reifen zerschossen!"

Auf dem Reitplatz wundert sich der Lehrer:
„Katharina, was hast du denn für ein seltsames
Paar Schuhe an? Du trägst ja einen roten und einen
grünen Reitstiefel!"
Katharina nickt: „Ich weiß, das Paar habe ich sogar
zweimal."

Sagt der Trainer in der Halbzeit:
„Also, Jungs, ich bin nicht abergläubisch, aber
die anderen führen 13:0. Ich fürchte, das Spiel
ist gelaufen."

Der Sportangler sitzt am Teich und wird von einem
Einheimischen angesprochen:
„Entschuldigen Sie, aber in diesem Teich schwim-
men keine Fische."
„Toll, jetzt haben Sie die ganze Stimmung kaputt
gemacht!"

In der Kirche:
„Herr Pfarrer, ist es eine Sünde, wenn ich
sonntags Fußball spiele?", fragt der Stürmer
der Dorfmannschaft.
„Nein", antwortet der Pfarrer, „aber wie du
spielst, ist eine Sünde!"

Was ist der Unterschied zwischen einem Fußgänger
und einem Fußballer?
Der Fußgänger geht bei Grün, der Fußballer bei Rot.

Der Trainer ermahnt seine Spieler:
„Merkt euch gut: Eigenlob stinkt!"

„Trainer, neben mir hat sich gerade jemand selbst gelobt!"

An einer Bushaltestelle wartet ein Fußballspieler auf den nächsten Bus. Um sich die Zeit zu vertreiben, übt er Dribbelschritte. Da kommt eine ältere Frau auf ihn zu, nimmt ihn bei der Hand und sagt: „Junger Mann, bleiben Sie ganz ruhig! Ich zeige Ihnen, wo die Toilette ist."

Voller Stolz sagt die Wirtin zu einem Gast:
„In diesem Bett hat schon ein berühmter Tennisspieler geschlafen!"
„Dann lassen Sie es doch bitte frisch beziehen!"

Ein berühmter und schon etwas älterer Nationaltrainer läuft durch den Wald und trifft einen Engel. Der sagt zu ihm: „Ich habe zwei Nachrichten für dich, eine gute und eine schlechte."
Sagt der Trainer: „Zuerst die gute!"
Der Engel: „Wenn du stirbst, darfst du im Himmel in der Nationalelf spielen."
Trainer: „Und die Schlechte?"
„Am Samstag bist du aufgestellt."

Herr Meier erkundigt sich beim Trainer nach dem Verhalten seines Sohnes.
„Er macht oft einen verschlafenen Eindruck", gibt der Trainer Auskunft.
Darauf Herr Meier: „Das sind sicher die Talente, die in ihm schlummern und erst geweckt werden müssen!"

Am Ende der Wasserballsaison fasst der Trainer zusammen: „Unsere Mannschaft hat zwar kein einziges Mal gewonnen, aber es ist auch niemand ertrunken!"

Was ist der Unterschied zwischen Bungee-Springen und Tennis?
Beim Tennis hat man zwei Aufschläge frei.

Die kleine Lea hat heute ihre erste Reitstunde. Als das Pferd zu traben beginnt, rutscht sie auf dem Pferderücken immer weiter nach hinten und ruft: „Schnell! Bringt mir ein neues Pferd! Meins ist gleich zu Ende!"

Nach dem Golfspiel beschwert sich Marco:
„Noch nie habe ich so schlecht gespielt!"
Darauf sein Gegenspieler:
„Wie, du hast schon mal gespielt?"

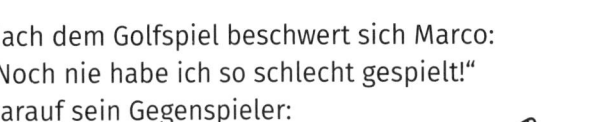

Zwei Boxer stehen bereits angespannt im Ring. Es sind nur noch wenige Momente bis zum Gong der ersten Runde. Da flüstert der Coach seinem Schützling zu: „Ich wollte es dir ja eigentlich nicht sagen, aber gestern habe ich durch Zufall gesehen, dass der Sohn deines Gegners deinen neuen Sportwagen demoliert hat!"

Der Reitlehrer fragt: „Und ist der berühmte Dressurreiter schon von seinem Ausritt zurück?"
„Es kann nicht mehr lange dauern. Sein Pferd ist schon da!"

 Ingo schwärmt: „Ich gehe jetzt zum Bogenschießen."
„Super. Aber das ist bestimmt schwer, oder?"
„Nein, warum?"
„Geradeausschießen ist ja schon schwer genug."

Der Eishockeytrainer zu seiner Mannschaft:
„Jungs, spielt nicht so feurig, denkt an das Eis!"

 Johann beschwert sich: „Schade, momentan gibt es wieder so wenig Fußball im Fernsehen."
„Nun ja", meint Sven, „bei dem schönen Wetter können die ja auch wieder draußen spielen!"

Was ist der Unterschied zwischen einem Rockkonzert und einem Boxkampf?
Beim Rockkonzert hat man Ringe im Ohr, nicht Ohren im Ring.

Ein Reisender fragt die Dame an der Rezeption:
„Haben Sie noch ein Zimmer frei?"
„Leider nein", antwortet die Dame.
„Hätten Sie denn ein Zimmer für den Bundestrainer, wenn er käme?"
„Ja doch, jederzeit!"
„Dann geben Sie mir doch bitte sein Zimmer. Er kommt heute nicht."

Lina springt mutig mit ihrem Fallschirm aus dem Flugzeug. Als sich 1500 Meter über dem Boden der Schirm nicht öffnet, wird sie langsam nervös. In 500 Metern Höhe ist sie völlig verzweifelt. Als es gerade noch drei Meter sind, meint Lina lässig:
„Halb so wild. Das kleine Stückchen schaffe ich auch ohne Fallschirm."

Was macht der Tennisprofi, wenn er aus dem Fenster fällt?
Seinen härtesten Aufschlag.

Wie heißen die Fußballschuhe von Jesus?
Christstollen.

Ein berühmter Trainer wird gefragt, was er zu Doping im Fußball meint.
Darauf antwortet er: „Doping im Fußball bringt gar nichts. Das Zeug muss in die Spieler!"

 Lara beschwert sich beim Reitlehrer: „In der Reithalle tropft es von der Decke. Ist das immer so?"
„Nein, nur wenn es regnet!"

 Im Skikurs fragt Tina ihren Lehrer:
„Wie heißt denn der Berg dort drüben?"
„Woas für oana?"
„Ah, ja. Vielen Dank!"

Zwei Golfer unterhalten sich:
„Meine Frau sitzt oben im Clubhaus. Ich muss einen perfekten Schlag hinkriegen."
 „Quatsch", meint der andere, „von hier aus triffst du sie sowieso nicht!"

Nach dem Fußballspiel fragt ein Reporter den Stürmer: „Was ist Ihnen lieber, ein Sieg in der Bundesliga oder Weihnachten?"
„Weihnachten, das gibt es öfter!"

Ein bekannter Springreiter schreibt von einem wichtigen Turnier eine Karte an seine Frau:
„Der Wind heult, das Wetter tobt und das Pferd ist bockig – ich muss ständig an dich denken!"

DIE BESTEN REISEWITZE

Jens macht zusammen mit seiner Frau den ersten Urlaub in den Alpen. Oben auf dem Berg angekommen, schwärmt sie:
„Herrlich, wie der Föhn rauscht!"
Darauf Jens: „Völliger Blödsinn, wer sollte sich denn mitten im Gebirge die Haare trocknen?"

„Mein Teller ist ganz nass", beschwert sich ein Reisender im Luxushotel.
„Sei bloß ruhig", flüstert seine Begleitung, „das ist doch schon die Suppe!"

Ein Tourist bereist ein Land, in dem er vorher noch nie war. Am ersten Tag seines Urlaubs sitzt er in einem Restaurant und fragt den Kellner:
„Regnet es hier oft?"
Da antwortet der Kellner: „Keine Ahnung, an diesem Tisch bedient mein Kollege."

„Erst gestern ist mein Bruder von einer Weltreise zurückgekommen", schwärmt Holger. „Er war in Amerika, Australien, Asien und überall in Afrika."
„Oh, dann hat er ja sicher auch die Sahara besucht."
„Das ist ja eine Unverschämtheit", empört sich Holger, „mein Bruder ist doch glücklich verheiratet!"

Drei Schiffbrüchige sitzen auf einer einsamen Insel.
Eines Tages wird eine Flasche angespült. Als sie die
Flasche öffnen, erscheint ein Flaschengeist.
„Ihr habt jeder einen Wunsch frei, weil ihr mich be-
freit habt!", sagt der Geist.
Der Erste sagt aufgeregt: „Ich wünsche mir, nach
Hause zu kommen!"
Der Wunsch geht sofort in Erfüllung und der Mann
verschwindet.
Auch der Zweite wünscht sich, wieder nach Hause
zu dürfen.
Auch dieser Wunsch geht sofort in Erfüllung und
der zweite Mann verschwindet.
Der dritte meint daraufhin: „Ach, ist das langweilig,
so allein hier. Ich wünschte, die beiden anderen
wären wieder da!"

> „Mama, warum darf Lotti nicht auf den
> Leuchtturm?"
> „Weil sie immer versucht, den Hubschrauber
> zu füttern."

Am Bahnhof wartet die Lehrerin mit ihren Dritt-
klässlern auf den Zug, der sie in die Jugendherber-
ge bringen soll. Nachdem sie bereits eine Stunde
am Bahnsteig gestanden haben, sagt die Lehrerin:
„Den nächsten Zug nehmen wir aber, egal, ob
1. oder 2. Klasse draufsteht!"

Mitten in der Wüste: „Wie komme ich zu der nächsten menschlichen Behausung?"
„Da fahren Sie jetzt immer geradeaus und übermorgen biegen Sie links ab."

Herr Hintermoser schleppt die Koffer seiner Frau zum Bahnhof und keucht:
„Uff! Das ist ein verdammt schwerer Abschied!"

Warum finden Menschenfresser den Strand so toll?
Da grillt sich das Essen von selbst.

 Ferien auf dem Bauernhof. Der kleine Willi fragt den Bauern:
„Warum stehen die Hühner eigentlich immer so früh auf?"
Darauf der Bauer schmunzelnd:
„Nun ja, schlaf du doch mal im Sitzen auf einer Stange."

Der ehemalige Erdkundelehrer fragt Frau Meier:
„Ich habe gehört, Ihr Sohn ist in Amerika?"
„Ja, das dachte ich auch. Aber die letzte Postkarte
kam aus Frankreich."
Da seufzt der Lehrer: „Ja, der Paul war schon immer
schlecht in Erdkunde!"

„Haben Sie Postkarten mit Möhren drauf?"
„Warum denn mit Möhren?
„Ich möchte sie meinem Pony schicken."

Der Reiseleiter erklärt: „Es gibt hier drei Sorten
Bäume: Fichten, Lärchen und Sodabäume."
Ein Tourist hakt nach: „Sodabäume?"
„Ja, die stehen einfach so da."

Anna macht Ferien auf dem Reiterhof.
„Reite ich zu schnell?", fragt die Reitlehrerin
besorgt.
„Nee, Sie nicht, aber ich!", keucht Anna.

Völlig außer Atem rennt ein Mann über den Boots-
steg, schleudert seinen Koffer auf die drei Meter ent-
fernte Fähre, springt panisch hinterher und zieht sich
mit letzter Kraft an Bord.
„Puh, gerade noch geschafft!"
„Gar nicht so schlecht", meint der Matrose, „aber
warum haben Sie nicht einfach gewartet, bis wir
anlegen?"

Auf dem Weg in den Urlaub treffen sich zwei
Männer im Zug.
„Was machen Sie denn beruflich?"
„Ich bin Straßenverkäufer."
„Ach, wirklich? Was kostet ein Meter denn so?"

Ein Reisebus ist gegen einen Baum gefahren. Die
Polizei erscheint am Unfallort und fragt:
„Wie ist denn das passiert?"
Der Busfahrer antwortet panisch:
„Ich kann mir das auch nicht erklären, ich war
gerade hinten beim Fahrschein-Kontrollieren …"

 Ein Gast beschwert sich an der Rezeption:
„Das ist einfach unglaublich! Gestern Abend
haben zwei Ratten in meinem Zimmer
gekämpft!"
Darauf die Wirtin trocken: „Bei so einem
niedrigen Zimmerpreis können Sie aber auch
keinen Stierkampf erwarten."

Was sagt ein Hai, nachdem er einen Surfer
gefressen hat?
„Nett serviert, so mit Frühstücksbrettchen."

 Treffen sich zwei Unterhosen in der Waschma-
schine. Sagt die eine zur anderen: „Du bist ja
so schön braun, warst du im Urlaub?"

Nachdem die Fähre gesunken ist, treiben zwei
Schiffbrüchige auf dem Meer. Fragt der eine:
„Weißt du, wo sich Land befindet?"
„Ja, etwa 20 Meter weit entfernt."
„Wo denn? Im Osten oder im Westen?"
Sagt der andere: „Unten."

Ein Passagier fragt die Stewardess: „Wofür braucht
das Flugzeug den Propeller?"
„Damit der Pilot nicht schwitzt", antwortet die
Stewardess.
„Nein, das kann doch nicht sein!"
„Doch, doch. Einmal ist der Propeller ausgefallen.
Was meinen Sie, wie der Pilot geschwitzt hat!"

Auf einer Safari begegnet den Urlaubern ein
Tiger. Ängstlich fragt einer der Reisenden:
„Ist der denn nicht gefährlich?"
„Nein, keine Sorge, der ist satt!", antwortet
der Reiseleiter.
„Woher wissen Sie denn das?"
„Weil Herr Schmidtke fehlt!"

Ole berichtet von seinem Safari-Urlaub: „Stell dir vor, ich war in der Wüste so ganz allein. Plötzlich faucht es hinter mir. Ich drehe mich um und sehe einen Löwen! Da bin ich aber schnell auf einen Baum geklettert."

Sina ist irritiert: „Aber in der Wüste gibt es doch keine Bäume!"
Darauf Ole: „Du kannst mir glauben, das war mir in dem Augenblick ganz egal!"

Vor dem Abflug verteilt die freundliche Stewardess Kaugummis an die Fluggäste.
„Das ist gut für die Ohren", sagt sie.
Nach der Landung ruft ein Gast empört:
„Können Sie mir wohl auch verraten, wie man das Zeug wieder aus den Ohren bekommt?"

Familie Hampelmus fährt in den Urlaub.
„So", meint der Vater, „einen Parkplatz haben wir endlich. Jetzt müssen wir nur noch nachsehen, in welcher Stadt wir sind."

Ein Wanderer bezwingt einen hohen Berg.
Unterwegs begegnet er einem Bergsteiger, der ihm vom Gipfel entgegenkommt. Dieser sagt freundlich: „Grüß Gott."
Da meint der Wanderer: „So weit gehe ich heute aber nicht mehr hinauf."

„Wie war denn das Wetter in Norwegen?", fragt Susi
ihre Freundin.
„Ausgezeichnet! Wir hatten jeden Tag 30 Grad."
„30 Grad in Norwegen? Das glaube ich nicht!"
„Doch, wirklich. Vormittags 15 Grad und nachmittags
15 Grad."

Ben sieht zum ersten Mal das Meer.
„Komisch", sagt er. „Ich dachte, das Meer sei so
tief."
„Und wieso glaubst du, dass es das nicht ist?",
fragt die Mutter.
„Es geht den Möwen doch gerade mal bis zum
Bauch."

Beim Abendessen im Hotel:
„Herr Ober, bringen Sie mir das leckere Essen, das
Sie dem Herrn am Nachbartisch serviert haben!"
„Bedaure, meine Dame", sagt der Ober, „aber ich
glaube nicht, dass der Herr sich sein Essen so ein-
fach wegnehmen lässt."

„Wie komme ich denn bitte von hier aus am
schnellsten ins Krankenhaus?"
„Also, wenn Sie es wirklich eilig haben, dann
stellen Sie sich doch einfach mitten auf die
stark befahrene Kreuzung! Dann werden Sie
sogar mit Blaulicht hingefahren!"

„Wusstest du, dass es auf Mallorca Menschenfresser gibt?", fragt Luis nach den Ferien.
„Nein, wie kommst du darauf?"
„Weil ich gelesen habe, dass sie dort hauptsächlich von den Touristen leben!"

Familie Müller macht Urlaub auf dem Bauernhof.
„Warum hat die Kuh denn gar keine Hörner, Papa?", fragt die kleine Greta.
„Weil sie ein Pferd ist."

Ein heftiger Sturm tobt auf dem offenen Meer.
Fragt der Ober den seekranken Passagier:
„Soll ich Ihnen das Mittagessen in die Kabine bringen oder sollen wir es gleich für Sie über Bord werfen?"

Herr Birnbaum möchte sich für seinen Abenteuerurlaub einen Fallschirm kaufen.
„Öffnet sich dieser Fallschirm denn auch sicher im richtigen Moment?", fragt Herr Birnbaum skeptisch.
Darauf der Verkäufer: „Wenn nicht, können Sie ihn jederzeit umtauschen!"

Lieselotte erzählt ihrer Nachbarin: „Hast du schon gehört? Der Paul ist von der Zugspitze abgestürzt!"
Die Nachbarin wundert sich: „Was hatte er denn auch auf der Lokomotive zu suchen?"

Frau Rosen fährt mit ihrem Wohnmobil zu schnell. Die Polizei hält sie an und verpasst ihr einen Strafzettel. Frau Rosen lässt das völlig kalt: „Den lese ich aber erst zu Hause! Wenn ich meine Brille nicht dabeihabe, kann ich kaum etwas sehen."

Die kleine Maike möchte eine Postkarte von der Klassenfahrt schicken. Sie fragt den Verkäufer:
„Haben Sie eine 55-Cent-Briefmarke?"
„Das tut mir leid", sagt der Verkäufer. „Ich habe leider nur noch 70-Cent-Briefmarken. Aber die kannst du auch auf deine Postkarte kleben."
„Hm, lieber nicht", meint Maike. „Sonst reist die Karte noch zu weit."

„Herr Ober, wo kommt denn dieses schrecklich zähe Hühnchen her?", fragt ein Urlaubsgast den Kellner.
Dieser weiß Bescheid: „Vielleicht aus einem hart gekochten Ei!"

Michel geht spazieren. Neben ihm hält ein Auto an, der Fahrer fragt: „Wie weit ist es denn noch bis Hamburg?"
„Wenn alles gut läuft, sind Sie in elf Monaten da!"
Der Fahrer wird böse: „Das kann ja wohl nur ein Scherz sein! Ich dachte, ich bin in 20 Minuten da!"
Darauf Michel achselzuckend: „Dann sollten Sie in die andere Richtung fahren."

Nach den Ferien beschwert sich Emma bei ihrer Freundin: „Ich wollte im Sommer doch so gerne wellenreiten, aber meinst du, ich hätte den störrischen Gaul ins Wasser bekommen?"

„Und, Johanna, wie war euer Urlaub?"
„Furchtbar! Und dann ist Mama auch noch zur Schönheitskönigin des Ortes gewählt worden!"
„Oje, das muss ja wirklich ein ganz kleines Kaff gewesen sein …"

„Herr Nachbar, ich sehe Sie jeden Nachmittag zu Hause. Haben Sie Urlaub?"
„Ich nicht, aber mein Chef!"

Herr Kampmann irrt durch den Urlaubsort.
Völlig verzweifelt spricht er einen Passanten an:
„Entschuldigen Sie, aber ich suche die Kupferstraße!
Können Sie mir helfen?"
„Kupferstraße?", fragt der Passant. „Die gibt es
hier nicht. Hier in der Gegend gibt es nur noch die
Goethestraße."
„Ja, genau! Das ist sie!", freut sich Herr Kampmann.
„Ich habe sie nur verwechselt. Goethe mit Schiller,
Schiller mit Lessing, Lessing mit Messing, Messing
mit Kupfer."

Stefan dreht mit einer dicken Wange und
Schaum vor dem Mund im Freibad seine
Runden.
„Hast du Zahnschmerzen, mein Junge?", fragt
der Bademeister.
„Nee", nuschelt Stefan, „aber gestern wurde
mir meine Seife geklaut. Das passiert mir
heute nicht schon wieder!"

Zwei Touristen spazieren durch die holländische
Dünenlandschaft. Da sagt der eine zum anderen:
„Hier muss es aber sehr glatt gewesen sein! Sieh
nur, wie viel Sand die gestreut haben!"

Was ist dreckig und wird von Radfahrern
getragen?
Ein Schmutzhelm.

Zwei Rucksack-Touristen wandern entlang einer australischen Landstraße.
„Weißt du eigentlich, wie man ein Känguru fängt?", fragt der eine.
„Natürlich! Man fragt es, ob es einen Zehn-Euro-Schein wechseln kann, und wenn es dann beide Pfoten in den Beutel gesteckt hat, schnappt man zu!"

„Stell dir vor, wir haben einen 2 000 Meter hohen Berg bestiegen, und das, nachdem wir schon drei Kilometer gelaufen sind!", prahlt Fritz nach den Ferien bei seinem Schulfreund. Dieser meint darauf unbeeindruckt: „Das ist kein Kunststück, mit dem Anlauf schafft es doch jeder auf den Berg!"

Der Briefträger ist sauer, weil er wegen einer Postkarte zum Leuchtturm hinausrudern muss, und mault den Leuchtturmwächter an.
„Sei bloß vorsichtig!", warnt dieser. „Wenn du noch mehr schimpfst, abonniere ich bald die Tageszeitung!"

Familie Krone verreist. Am Bahnsteig fragt der Vater einen Passanten: „Wissen Sie, wann der nächste Zug kommt?"
„Es wird bestimmt nicht mehr lang dauern. Die Schienen liegen ja schon!"

Frau Wischmeier bucht ihre nächste Reise nach Bangkok. Das Fräulein im Reisebüro fragt: „Möchten Sie über Athen oder Bukarest fliegen?" „Weder noch. Ich möchte über Ostern fliegen."

Im Urlaub testet Familie Buntschuh ein neues Restaurant. Nach dem Essen sagt der Vater: „Schade, dass wir dieses Lokal nicht schon früher entdeckt haben."
„Hat es Ihnen so gut geschmeckt?", fragt der Kellner erfreut.
„Nein, aber dann wäre der Fisch vielleicht noch frisch gewesen."

„Nun, Herr Schneider, wie hat Ihnen denn die Sixtinische Kapelle in Rom gefallen?"
„Die habe ich nicht gesehen", erwidert Herr Schneider. „Die wird wohl auf Tournee gewesen sein!"

Ein junger Mann sagt zu einem älteren Arbeitskollegen: „Wenn ich mal heirate, ist das Erste, was ich tue, meine Schwiegermutter für fünf Jahre in den Urlaub zu schicken."
Darauf der ältere Kollege: „Ihre Idee gefällt mir. Hätten Sie nicht Lust, eine meiner Töchter zu heiraten?"

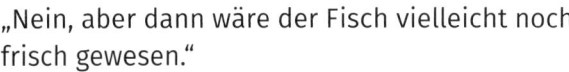

Der stille Pit fragt: „Gefällt es dir hier in den Bergen?"
Ida Quatscheviel antwortet: „Diese Aussicht macht mich sprachlos!"
Pit: „Okay, dann bleiben wir vier Wochen."

Martin und Lena besuchen im Urlaub ein Konzerthaus. „Herrje, ist das hier eine miese Akustik!", beschwert sich Lena.
„Stimmt", pflichtet Martin ihr bei. „Ich rieche das auch schon die ganze Zeit."

Unterhalten sich zwei Kollegen:
„Hast du schon Pläne für deine Ferien gemacht?"
„Das brauche ich nicht: Meine Frau bestimmt wo, mein Chef bestimmt wann und meine Bank rechnet aus, wie lange ich Urlaub mache!"

 Eine Reisegruppe besucht das Heimatmuseum.
„Und jetzt", erklärt der Reiseführer, „betreten Sie die Wohnstube einer armen Bauernfamilie aus dem 19. Jahrhundert."
„Von wegen arm!", ruft einer aus der Gruppe. „Schauen Sie sich doch nur die vielen Antiquitäten an!"

Sagt der Kellner zum wütenden Feriengast:
„Nein, in Ihrer Suppe schwimmt kein Haar! Das ist das Würstchen."

Am Ufer des See Genezareth fragt ein Tourist einen
Schiffer, was eine Überfahrt kostet.
„Fünfzig Dollar!", fordert der Schiffer.
„Was? Das ist ja wahnsinnig teuer!", entrüstet sich der
Tourist.
„Ja, wissen Sie", belehrt ihn der Schiffer, „Jesus ging zu
Fuß über diesen See!"
„Kein Wunder!", meint der Fremde. „Bei diesen Preisen!"

Die Lehmanns erzählen ihren Nachbarn stolz von
ihrem Sommerurlaub in Norwegen.
„Haben Sie denn auch die vielen Fjorde
gesehen?", fragt der Nachbar.
Darauf Herr Lehmann: „Natürlich. Sie glauben gar
nicht, wie zutraulich diese Tierchen sind!"

Tante Hildegard macht eine Wanderung durch die
Berge. Sie fragt den Wanderführer:
„Stürzen hier oft Menschen in die Tiefe?"
Der schüttelt den Kopf: „Nein, wenn sie stürzen, dann
nur ein Mal."

Der Besitzer des Melonenfeldes ist genervt
davon, dass immer wieder Touristen Melonen
klauen. Also stellt er ein Schild auf, auf dem
steht: „Finger weg! Eine Melone auf diesem Feld
ist vergiftet!"
Am nächsten Morgen hat jemand darunter-
geschrieben: „Jetzt sind es zwei ..."

Im Reisebüro klingelt das Telefon: „Bieten Sie Reisen nach Ägypten an?"
„Ja, natürlich."
„Welche Ferienorte können Sie denn empfehlen?"
„Alexandria, Dumanhur, Kairo ..."
„Kairo passt."
„Und für wann darf ich die Reise buchen?"
„Gar nicht. Ich brauchte den Ortsnamen fürs Kreuzworträtsel."

Familie Meier macht Urlaub in der Schweiz.
„Es wäre wirklich interessant zu wissen, warum die Häuser in der Schweiz so häufig aus Holz sind", meint Herr Meier.
Luise weiß es: „Das ist doch ganz klar, Papa! Die Schweizer brauchen die Steine alle schon für ihre Berge!"

„Und, Karl, wo warst du dieses Jahr im Urlaub?"
„Neun Stunden in einer Schlucht und drei Wochen im Krankenhaus."

„Was hat denn der Gast von Tisch vier ins Beschwerdebuch geschrieben?", fragt der Chef des Strandlokals.
Antwortet der Kellner schulterzuckend: „Nichts. Er hat einfach kommentarlos sein Schnitzel hineingeklebt."